L'Élysée à la plage

Pierrick Geais

L'Élysée à la plage

Dans l'intimité de nos présidents en vacances

éditions du
ROCHER

Éditions du Rocher
28, rue Comte Félix Gastaldi
BP 521 – 98015 Monaco

www.editionsdurocher.fr

ISBN : 978-2-268-10549-9
EAN : 9782268105666

Avant-propos

Un président a-t-il le droit de se reposer ? La question revient chaque année, au cœur de l'été, quand le premier personnage de l'État troque son costume-cravate contre un short et une paire de chaussures bateau. L'argot journalistique – pas toujours très raffiné – appelle cela un « marronnier ». C'est-à-dire un sujet que les médias traitent tous les ans, à la même période, sans pouvoir s'y soustraire. Début août, le reportage sur les vacances du président de la République est donc inévitable. Si ces dernières années, Emmanuel Macron a renoué avec le fort de Brégançon, qu'il a transformé en véritable « Élysée d'été » avec piscine, ses prédécesseurs ont parfois boudé cette bastide austère et isolée, où même le très ascétique général de Gaulle ne voulait pas mettre les pieds. Ce livre se dessine comme une excursion dans les lieux de villégiature présidentiels, de Colombey-les-Deux-Églises à Latche, de Cajarc à Authon, sans oublier des destinations plus exotiques comme les îles de l'océan Indien, la savane africaine ou encore les rives d'un grand lac américain. Cette géographie raconte une autre histoire du pouvoir, certainement plus intime, mais qui traduit, plus qu'on ne le croit, la façon dont les huit présidents de la Cinquième République envisageaient leur politique. C'est probablement la raison pour laquelle les journalistes traitent chaque année avec entrain ce sujet qu'ils affectionnent. Écrire sur les vacances des présidents, c'est écrire sur la singularité de leur exercice du pouvoir. On a reproché à Nicolas Sarkozy d'être trop "bling-bling", notamment quand il acceptait de séjourner chez ses amis milliardaires. On a accusé François Hollande d'être trop "normal", en particulier lorsqu'il déambulait vêtu d'un polo difforme entre les plagistes de Cabasson.

Quand Jacques Chirac disparaissait trois semaines à l'autre bout du monde – laissant le pays agoniser sous une canicule assassine –, personne ne s'en étonnait vraiment. Aujourd'hui, qu'un président passe ses congés d'été en dehors de l'Hexagone semble inenvisageable. Même quand seule la rumeur prétend qu'Emmanuel Macron pourrait poser ses valises de l'autre côté des Alpes, en Italie, pour goûter au *farniente*, l'opinion publique s'en offusque déjà.

Là est donc toute l'ambiguïté que les épisodes de ce livre illustrent : le président est-il encore président lorsqu'il est en vacances ? En safari en République centrafricaine, Valéry Giscard d'Estaing préférait passer quasi incognito et ne voulait en aucun cas être accompagné par son aide de camp ou tout autre membre de son cabinet. À mille lieues de Paris, il oubliait totalement l'Élysée et ses dossiers. Diriger la France n'est pourtant pas un gagne-pain comme les autres, avec cinq semaines de congés payés par an. François Hollande l'avait bien compris, lui qui, dès la deuxième année de son mandat, a réduit son temps de loisir au strict minimum, s'octroyant à peine sept jours en août, durant lesquels il ne déconnectait jamais vraiment. Même s'il prend officiellement des vacances plus longues, Emmanuel Macron n'arrête, lui non plus, jamais de travailler. Le fort de Brégançon est simplement le décor méditerranéen de sa fonction, où il reçoit ses homologues étrangers, à l'instar de Vladimir Poutine et Angela Merkel. « Emmanuel Macron tente de résoudre tous les problèmes du monde, assis sur son jet-ski », s'est même gaussé le *Sunday Times*, en août 2020. Tout se passe comme si le président devait mettre en scène ses vacances, mais sans jamais véritablement se reposer. Il y a désormais l'art et la manière d'être un président en villégiature.

Il est loin le temps où Georges Pompidou s'autorisait des vacances à rallonge, qui couraient de la mi-juillet, juste après la fête nationale, jusqu'à fin août. Imaginez un président vagabondant de région en région, du Var au Lot, en passant par la Bretagne, pendant près d'un mois et demi. Le remplacement du septennat par le quinquennat, engagé par Jacques Chirac et Lionel Jospin, a bouleversé les vacances présidentielles. Dans l'esprit des Français, un président qui n'a que cinq ans pour mettre en œuvre son « projet » n'a vraiment plus le temps de se reposer.

L'autre changement notable, qui se dessine à travers cet ouvrage, c'est bien la médiatisation des vacances présidentielles. Le général de Gaulle n'autorisait pas le moindre journaliste dans son havre de Colombey-les-Deux-Églises. Georges Pompidou a été le premier à comprendre qu'un président devait communiquer sur ses vacances : il invitait ainsi, une journée dans l'été, les médias à venir le filmer ou le photographier sur son lieu de repos, en famille. Valéry Giscard d'Estaing, bien inspiré par Kennedy qu'il a toujours admiré, se met en scène, à la plage, en maillot de bain. Au fil du temps, ce petit jeu médiatique se retournera contre les présidents. En 2000, début d'une nouvelle ère,

Jacques Chirac ne supportera pas que *Paris Match* enquête sur ses vacances de milliardaire. Les premiers congés estivaux de Nicolas Sarkozy se transformeront, quant à eux, en cauchemar médiatique. C'est peut-être pour cette raison qu'un président ne devrait pas prendre de vacances, car il est rarement autant importuné que quand il ne travaille pas.

Le général de Gaulle

Derrière les grilles de *La Boisserie*

Photographes et journalistes n'ont jamais franchi cet imposant portail, peint du même vert que les arbres alentour, et orné de deux têtes de cheval. « Propriété privée - Défense d'entrer » indique un petit écriteau. Deux policiers, postés jour et nuit devant, gardent comme des cerbères les lieux. Il ne faudrait pas que quelques curieux ou fanatiques aient l'idée d'escalader le grand mur d'enceinte qui borde la propriété. Derrière se trouve le havre de paix du président de la République. *La Boisserie*, à Colombey-les-Deux-Églises, en Haute-Marne, est le lieu que De Gaulle aime le plus au monde. Cette gentilhommière, aux allures de grande maison bourgeoise abîmée par les siècles, est nichée dans un petit écrin de verdure de deux hectares, où les herbes folles se mêlent aux sapins et aux hêtres séculaires. Le jardinier, un jeune homme de 28 ans venu des Ardennes, laisse la nature s'y exprimer. Une vigne vierge incommensurable dévore d'ailleurs toute la bâtisse, variant sa couleur au fil des saisons, passant du vert printanier à l'orangé automnal. Dans le parc, plusieurs massifs de fleurs dessinent une croix de Lorraine, emblème de la Résistance si cher au Général.

Quand la DS présidentielle pénètre sur l'allée gravillonnée, et que les grilles de *La Boisserie* se referment sur elle, De Gaulle n'est pourtant plus l'homme du 18 juin, pas plus que le héros de la France libre ou encore le fondateur de la Cinquième République. Il n'est plus qu'un père, un grand-père… « On ne se rendait pas compte que c'était un homme important, on a vraiment compris plus tard qui il était vraiment. Pour moi, c'était juste un oncle, chez qui j'allais en vacances[1] », assure Jacques Vendroux, célèbre journaliste sportif et petit-neveu du général. Adolescent, il allait passer deux ou trois semaines à *La Boisserie* chaque été, avec sa grand-mère et son grand-père, qui était le frère d'Yvonne de Gaulle. « C'étaient toujours des séjours qu'on attendait avec impatience car on retrouvait les cousins. Il y avait beaucoup de joie et d'insouciance », se souvient-il aujourd'hui. Dans cette maison, où le président vient passer toutes ses fins de semaine et ses congés, seule la famille est en effet admise. Rares sont les ministres qui y ont été conviés. Son aide de camp, indispensable lieutenant, vient lui apporter des dossiers, afin que le chef de l'État continue d'expédier les affaires courantes comme s'il était à Paris, mais ne reste jamais longtemps. Le Général avait tout de même fait une exception en y accueillant Konrad Adenauer, les 14 et 15 septembre 1958, pour poser la première pierre de la réconciliation franco-allemande. Ce rendez-vous, qui devait rester dans

1. Entretien avec l'auteur, 23 septembre 2020.

l'Histoire, avait mal commencé car le chancelier était arrivé en retard. Son chauffeur l'avait en effet déposé à Colombey-les-Belles, au lieu de Colombey-les-Deux-Églises. Tous les hameaux ont décidément le même nom dans la région… Malgré ce faux départ, le séjour d'Adenauer à *La Boisserie* – il y dormira une nuit – s'avérera chaleureux. Il fera d'ailleurs naître une amitié sincère entre ces deux géants politiques de l'après-guerre. Après cela, jamais plus le président ne recevra d'officiel dans sa maison personnelle. Un souhait d'Yvonne de Gaulle, son épouse, qui tenait absolument à cloisonner vie privée et vie publique.

Elle qui n'aimait ni le palais de l'Élysée, ni les autres résidences de la République allouées au chef de l'État, ne se sentait chez elle qu'à Colombey. Dans cette maison, elle oubliait son rôle de Première dame, qu'elle subissait plus qu'elle ne le savourait le reste du temps. À *La Boisserie*, elle n'était d'ailleurs plus épouse de président, mais bien maîtresse de céans. Ici, pas de domestiques en livrée ou de brigades de cuisiniers, elle n'était aidée dans les tâches du quotidien que par deux braves filles de la région : Mme Charlotte, une quinquagénaire attachée à sa Lorraine natale, qui faisait office de femme de chambre mais aussi de gouvernante, chargée de tenir à elle seule les quatorze pièces et quatre salles de bains du manoir, ainsi qu'Honorine, qui devait préparer tous les repas, du petit déjeuner au dîner, en passant par le thé, que le Général n'aurait manqué pour rien au monde. Même à l'Élysée, il arrêtait de travailler à 17 heures pile, pour savourer une infusion et quelques biscuits, avec son épouse. À Colombey, Mme de Gaulle supervisait bien évidemment tous les menus, qu'elle préparait en début de semaine avec

Honorine. Son plaisir était ensuite d'aller faire les courses alimentaires elle-même. Contre l'avis des services de sécurité de la présidence, la Première dame tenait à conduire sa propre voiture, et aller acheter viande, œufs, légumes et conserves à l'épicerie Coop, dans le bourg, saluant au passage la tenancière du café *Chez Janine*. Elle voulait aussi à payer ses emplettes avec ses propres deniers et surtout pas avec le chéquier de l'Élysée. Jamais, au grand jamais, elle n'aurait supporté de cuisiner sa volaille dominicale aux frais du contribuable !

Le reste du temps, Mme de Gaulle calquait la cadence de sa journée sur celle de son mari. Les heures et les minutes passaient lentement à Colombey, à tel point que la pendule du salon, dont la cloche résonnait jusque dans l'entrée, semblait parfois s'être arrêtée. « Yvonne lisait beaucoup. Elle faisait aussi de la couture, elle reprisait des chaussettes. Mais c'était bien elle la patronne à la maison[2] », se rappelle Jacques Vendroux.

Les De Gaulle avaient acquis *La Boisserie* en 1934. À l'époque, ils cherchaient un peu de tranquillité, loin des affaires et du brouhaha de la capitale, pour voir s'épanouir à la campagne leurs trois enfants, notamment leur benjamine, Anne, née trisomique. N'écoutant pas l'avis des médecins, sa mère avait refusé de la placer dans un hospice. Un véritable acte d'amour, à une époque où les personnes handicapées étaient le plus souvent cachées dans des centres psychiatriques, qui

---

2. *Ibid.*

avaient tout l'air d'asiles. Mais les regards que posent les gens sur la différence peuvent parfois être cruels. Alors, Yvonne de Gaulle avait voulu trouver pour sa fille un petit cocon, à l'abri de la dureté du monde extérieur. *La Boisserie*, cachée derrière son grand mur d'enceinte, était l'endroit idéal. Le Général avait choisi « Colombey parce que ce village de Haute-Marne était à mi-chemin de Paris et de ses garnisons de l'Est et du Nord, et parce que les paysages austères de landes et de forêts de cette campagne, à la saignée des provinces de Champagne, de Lorraine et de Bourgogne, fragments de la France éternelle, correspondaient à son esprit et à son cœur. Dans ses premiers récits de jeunesse déjà, alors qu'aucun lieu ne l'attachait particulièrement à cette région, mais pressentant peut-être qu'il s'y fixerait un jour, il avait évoqué ces lieux chargés d'Histoire : Château-Villain, Clairvaux, Saint-Dizier… », écrivait Jean Mauriac, journaliste de l'Agence France Presse, qui avait été affecté aux déplacements du Général durant tout son mandat.

Construite au début du XIXe siècle, *La Boisserie* avait d'abord été l'auberge du village. Son nom était alors *La Brasserie*, qui s'est, au fil des décennies, déformé. L'écrivain américain Eugène Jolas y a un temps habité, avant que ne s'y installe la veuve d'un architecte parisien, une certaine Alice Bombal. C'est à elle que les De Gaulle achètent la maison en viager. La « seule bonne affaire financière de leur vie », diront certains de leurs proches, puisque deux ans après la signature du contrat, Mme Bombal est retrouvée morte, noyée dans sa baignoire. Le Général devient donc propriétaire à moindres frais. Mais le confort de *La Boisserie* est plus que spartiate. L'eau courante et l'électricité n'y seront d'ailleurs installées qu'après la Seconde Guerre mondiale. Face à l'avancée des troupes de l'Allemagne nazie, Yvonne de Gaulle avait dû fuir Colombey, avec seulement quelques affaires, sa petite Anne, l'indispensable Mlle Potel, qui a toujours veillé sur cette enfant, abandonnant sa chère maison, bombardée et en partie détruite. Après la Libération, il avait donc fallu tout reconstruire. Quelques agréments, pouvant être considérés comme luxueux pour l'époque, y sont apportés, à commencer par le chauffage central. En 1946, De Gaulle fait bâtir une haute tour, en moellons et vieilles tuiles de la région, sur le côté de la demeure, ce qui lui apporte tout son cachet. Au rez-de-chaussée, il installe son cabinet de travail, la pièce où il passe le plus clair de son temps à écrire, tout en contemplant l'horizon infini de la forêt des Dhuits, où il aime tant se promener. Trois grandes portes-fenêtres s'ouvrent directement sur le jardin, desquelles il peut humer la rosée du matin. « De la pièce d'angle où je passe la plupart des heures du jour, je découvre les lointains dans la direction du couchant. Au long de 15 km, aucune construction n'apparaît… Par-dessus la plaine et le bois, ma vue suit les longues pentes descendant vers la vallée de l'Aube, puis les hauteurs du versant opposé[3] », détaille-t-il dans ses *Mémoires*. Ce bureau est son antre, où il collectionne les souvenirs de voyages passés et les babioles d'un autre temps dans un coffre de bois et de cuir marqué du mot “Angleterre”, qui servait à Louis XIV à ranger ses rapports confidentiels en provenance de Londres. Jamais De Gaulle ne voudra installer de téléphone dans son cabinet de travail.

3. Charles de Gaulle, *Mémoires d'espoir*, Plon, 1970.

Il avait en sainte horreur cet appareil depuis que, lors d'un entretien avec Léon Blum, président du Conseil, en 1936, leur conversation n'avait cessé d'être interrompue par une sonnerie. Il se jura alors de ne jamais être dérangé de la sorte par un tel objet. Il en fit tout de même installer un à *La Boisserie*, caché dans une soupente sous l'escalier. Pendant ses congés, il passait lui-même ses appels, pour régler les affaires quotidiennes, entre 19 h 55 et 20 heures chaque soir, mais ne supportait pas qu'on lui téléphone. « On ne sonne pas le Général », disait-il. C'est pourtant dans ce cagibi, faisant office de cabine téléphonique, qu'il apprit le résultat du référendum du 27 avril 1969 qui allait définitivement l'éloigner du pouvoir.

Même si le mobilier est simple et dépouillé, les autres pièces de la maison ressemblent parfois à la caverne d'Ali Baba, tant y sont accumulés les cadeaux reçus de dignitaires étrangers. Dans la bibliothèque trône un énorme coffre à cigares en ivoire, offert par Fidel Castro, et, plus loin, une Pietà du XVe siècle, rapportée par le chancelier Konrad Adenauer et vénérée par Yvonne de Gaulle. Dans l'entrée sont accrochés des masques africains et entreposées des amphores grecques. Un vrai bric-à-brac qui confère une âme unique à ce lieu.

Même en congés, les journées du Général sont très réglées, et laissent peu de place à l'imprévu. Dès le matin, il s'enferme dans son cabinet de travail. Assis derrière son bureau en bois laqué, il rédige lui-même ses discours mais aussi quelques écrits, dont ses *Mémoires de guerre*. Les feuilles raturées s'accumulent, jusqu'à former des monticules. Le Général est un auteur minutieux : il écrit, efface, corrige. « C'est très difficile, je refais chaque page six ou sept fois. Quelles difficultés pour arracher de soi ce qui doit être jeté sur le papier[4] ! » confie-t-il au grand reporter de *Paris Match*, Jean Farran. Le président ne lève le nez de son labeur que pour déjeuner, à 12 h 15 exactement. « On mangeait en fonction des horaires du Général. Et on passait rarement plus de quarante minutes à table. Il ne supportait pas les repas qui s'éternisent[5] », raconte Jacques Vendroux. Après un café, le Général ne tarde pas à retourner au milieu de ses livres pour travailler. Il consacre de nouveau une grande partie de son après-midi à l'étude.

Dehors, les enfants jouent. Le jardinier leur a gonflé une piscine, mais à force de plongeons, celle-ci, peu solide, finit toujours trouée avant que ne se termine l'été. Il leur a aussi tracé un terrain de tennis sur la terre battue, mal entretenu. « Le filet n'arrêtait pas de tomber. C'était loin d'être Roland Garros », plaisante Jacques Vendroux. Il y a aussi un petit parcours de golf, avec quelques trous, creusés entre les mauvaises herbes. « Mais le jeu était plutôt d'aller récupérer les balles perdues dans les ronces. » Le Général a vent de ces bêtises, mais jamais il ne vient les réprimander. Vers 16 heures, le moment du chocolat chaud pour les plus jeunes – « le meilleur du monde », selon les souvenirs de Jacques Vendroux – et du thé pour les adultes, le président sort enfin de son bureau. La soirée se déroule dans le calme, entre les jeux de cartes et la lecture. Le président délaisse parfois

4. Christian Brincourt et Michel Leblanc, *Les Reporters*, Robert Laffont, 1970.

5. Entretien avec l'auteur, 23 septembre 2020.

les œuvres de Péguy ou de Chateaubriand, pour feuilleter un *Tintin* ou un *Astérix*, abandonné sur une table par un enfant. De Gaulle tient à dîner à 19 heures précises, pour pouvoir regarder le journal télévisé qu'il ne peut manquer. Même au fin fond de la Haute-Marne, il se tient informé, en épluchant aussi la presse nationale chaque matin.

Certains jours, Tante Yvonne – ainsi la surnommaient les Français – organise un pique-nique, pour rompre la routine. Honorine prépare alors des œufs mayonnaise – « les meilleurs du monde », assure encore Jacques Vendroux –, et toute la famille part déjeuner en forêt. « Le Général participait au pique-nique. Il aidait même à ranger dans le panier. Enfin, pour nous, tout ça était normal, car on le voyait juste comme notre oncle. » De Gaulle aime se promener dans les bois, sur les chemins de terre, qui prêtent à la rêverie et la contemplation. Malheureusement, il doit régulièrement renoncer à sa balade quotidienne, chaque fois que les services de sécurité le préviennent que le risque terroriste est trop élevé. Le Général est en effet la cible privilégiée de l'OAS, une organisation dont la devise assure qu'elle « frappe quand elle veut où elle veut ». « Il disait à mon grand-père qu'ils finiraient un jour par le tuer », raconte Jacques Vendroux. Alors, quand il ne peut pas sortir de l'enceinte de *La Boisserie*, le président marche dans son parc, entre ses quatre murs. « J'en ai fait quinze mille fois le tour », avait-il l'habitude de dire.

Le dimanche, toute la famille prend la direction du bourg, pour aller à l'église, femmes et enfants à pied, De Gaulle souvent accompagné du frère d'Yvonne en voiture. L'office avait été déplacé à 11 heures, et ne durait que quarante minutes, afin de satisfaire le Général qui voulait être rentré pour le déjeuner à 12 h 15 tapantes, même le dimanche. « La messe nous ennuyait, moi et mes cousins, mais au moins, on savait qu'elle ne durait pas trop longtemps. » Si une place était prévue pour le président, au premier rang, face à l'autel, lui préférait s'asseoir sur un banc, toujours le même, un peu plus au fond de l'édifice. Il saluait poliment tous les Colombéens, qui l'adulaient autant qu'il les estimait.

« Chaque fois que cela est possible, nous gagnons notre maison de *La Boisserie*. Là, pour penser, je me retire. Là, j'écris les discours qui me sont un pénible et perpétuel labeur. Là, je lis quelques-uns des livres qu'on m'envoie. Là, regardant l'horizon de la terre ou l'immensité du ciel, je restaure ma sérénité[6] », écrivait De Gaulle quelques semaines avant sa mort. Colombey est l'endroit des instants heureux, des étés doux et des rires d'enfants. Jacques Vendroux se souvient de quelques conversations avec son oncle, à l'occasion de ses vacances à *La Boisserie* : « Il nous posait toujours des questions, sur nos études, nos vacances. On parlait de sport ensemble. D'ailleurs, il regardait le rugby ou le football avec nous, à la télévision. Il disait toujours qu'il était heureux quand *La Marseillaise* résonnait dans un stade ». « Un jour, je lui avais dit que je voulais être gardien de but, il m'avait répondu que ce n'était pas un métier », s'amuse-t-il aujourd'hui.

6. Charles de Gaulle, *Mémoires d'espoir, op. cit.*

C'est aussi à *La Boisserie* que De Gaulle, habituellement si introverti et taiseux, se muait en papa-gâteau au contact de sa petite Anne. Elle était sa fille chérie, la seule qui savait le faire sourire. Celle qui avait nourri son combat, notamment contre l'Allemagne nazie. « C'était quelqu'un de très croyant et je pense que cette enfant très particulière l'a peut-être aidé à se battre encore plus pour la France dans ces moments difficiles[7] », explique Anne de Laroullière, fille d'Élisabeth de Gaulle. En effet, le Général l'avait un jour confié à son biographe, Jean Lacouture : « Sans Anne, peut-être n'aurais-je jamais fait ce que j'ai fait. Elle m'a donné le cœur et l'inspiration. » Il la surnommait d'ailleurs « ma joie ». Durant ses congés, le Général prend du temps pour éveiller Anne. Il lui apprend à parler, lui raconte des histoires et des comptines. On les aperçoit souvent en promenade tous les deux, à travers les champs et les chemins. Anne est une enfant choyée. Son père ne peut rien lui refuser, pas même son képi de militaire avec lequel elle adore jouer. De jolis souvenirs estivaux que le Général gardera au plus près de lui lors de la mort de sa petite fille. Le 6 février 1948, dans sa chambre de La Boisserie, Anne, tout juste âgée de 20 ans, succombe à une pneumonie. Elle pousse son dernier souffle dans les bras de son père. Effondré, celui-ci se tourne vers son épouse et prononce ces tristes mots : « Maintenant, elle est comme les autres. »

---

7. Interview pour « 13 h 15 » le dimanche, *France 2*, 24 mars 2019.

Nuit agitée à Brégançon

Rarement nuit lui avait semblé si peu reposante. Ce matin du 15 août 1964, le général se lève de mauvaise humeur. Pour cause, il n'a presque pas fermé l'œil, trop occupé à chasser les nuées de moustiques décidés à le dévorer. Ces suceurs de sang sont plus que coriaces dans la région. Même durant ses campagnes en Afrique, il n'en a jamais connu d'aussi féroces, assure-t-il au réveil à son épouse. À 74 ans, il a en effet passé l'âge des bivouacs desquels il se contentait au régiment. Son vieux dos n'a d'ailleurs pas supporté le lit de cette nuit varoise, bien trop petit. Ses jambes en dépassaient. Avait-on oublié qu'il mesure presque deux mètres ? Couvert de boutons et les vertèbres en compote, le Général quitte le fort de Brégançon en se jurant de ne jamais y remettre les pieds.

S'il y avait posé ses valises le temps d'une journée, c'était pourtant avec une idée derrière la tête. En 1963, il en avait même congédié, par simple courrier recommandé, le sénateur Bellanger qui y avait élu domicile depuis plus de quarante ans. Après avoir vu défiler nombre d'illustres visiteurs au fil des siècles – même Catherine de Médicis y aurait séjourné quelques heures –, Brégançon était devenu propriété de la République française au lendemain de la Révolution. Plusieurs locataires s'y étaient alors succédé, jusqu'à Robert Bellanger, éphémère sous-secrétaire d'État à la Marine sous Gaston Doumergue, qui se prit d'affection pour ce vieux tas de ruines. À ses frais, il avait tout rénové de la cave au grenier, fait installer l'eau courante et l'électricité[8]. Son petit paradis remis à neuf, il s'était vu contraint de le quitter pendant la Seconde Guerre mondiale, pour le laisser aux Allemands, avant de le retrouver à la Libération. Retraité, il y passait alors la majeure partie de l'année, et y accueillait toute la classe politique, à commencer par les anciens présidents Vincent Auriol et René Coty. Une vie paisible en somme, troublée par le général de Gaulle qui lui demanda prestement de vider les lieux et de déguerpir. Bellanger ne se remettra pas de cet affront et décèdera moins de trois ans plus tard. « Je pense que mon père en est mort de chagrin », affirme sa fille Roxane[9]. À l'époque, rien ne présage pourtant que De Gaulle souhaite s'installer à Brégançon.

En 1964, le cabinet de l'Élysée est à pied d'œuvre pour organiser une année riche en anniversaires. Parmi les cérémonies immanquables, celles des vingt ans du Débarquement de Provence, le 15 août, auxquelles le Général devra assister, même si elles se déroulent au beau milieu de sa période de congés. Il doit notamment présider un défilé militaire à Toulon, où se mêlent troupes françaises, britanniques et américaines, puis inaugurer le mémorial du mont Faron. On l'attend également pour des commémorations à Sainte-Maxime, La Croix-Valmer, Cavalaire, Le Rayol-Canadel et Hyères. Un véritable marathon qui nécessite que le chef de l'État arrive la veille au soir et dorme dans la région.

---

8. Guillaume Daret, *Le Fort de Brégançon, histoire, secrets et coulisses des vacances présidentielles*, Éditions de l'Observatoire, 2018.

9. *Ibid.*

Pourquoi De Gaulle ne logerait-il tout simplement pas à la préfecture des Alpes-Maritimes ? La question est posée, avant que l'un de ses conseillers ne propose Brégançon comme une autre possibilité. Avantages et inconvénients sont donc pesés. Le vieux fort a certes besoin de quelques aménagements, mais sa localisation est idéale pour profiter de la région. Bormes-les-Mimosas se situe à une trentaine de kilomètres de Saint-Tropez et à la même distance de Toulon. Le lieu est isolé et facile à sécuriser, c'est un bon point. D'autant qu'un héliport a été construit au pied du fort, et que l'aérodrome d'Hyères est à proximité. La maison est grande et agréable, quoiqu'un peu labyrinthique, tandis que le jardin est jugé trop escarpé, avec un nombre incalculable de marches. On regrette également qu'il n'y ait pas d'accès direct à la mer. En conclusion de ce rapport, le service de l'Élysée émet un avis opposé pour un séjour de longue durée, et un avis réservé pour un séjour plus bref[10]. C'est pourtant bien à Brégançon que De Gaulle ira dormir ce 14 août.

Le Général voulait-il voir de ses propres yeux ce fort qu'on lui avait tant conté ? Cette nuit qu'il y passa au cœur de l'été était peut-être le prétexte à un dessein d'une toute autre ampleur. Le président veut alors doter sa Cinquième République naissante d'un lieu de villégiature, dans lequel le pouvoir pourrait aussi bien être en vacances qu'au travail. Le 14 août 1964, à 17 h 30 précisément, après avoir organisé un conseil des ministres estival, il embarque à Orly direction Marseille, pour ensuite prendre un hélicoptère jusqu'à

10. *Ibid.*

Bormes-les-Mimosas. Pendant ce temps, la commune varoise se prépare activement à accueillir le héros de la France libre. Sur le bord des routes, la foule s'amasse pour voir passer son cortège, tandis que sur la plage en contrebas du fort, baigneurs et plaisanciers sont priés de décamper. De Gaulle arrive à destination en fin de journée, juste à temps pour une brève visite, avant de dîner. Autour de la table sont réunis son fils, Philippe, et quelques collaborateurs, à l'instar de son aide de camp Desgrées du Loû, son chef d'état-major particulier le vice-amiral Philippon, son chef de cabinet Henri Coury, le commandant Albert Lurin et Bernard Magniny, chargé de mission responsable des commémorations. Sont également conviés M. Berthet, préfet des Hautes-Alpes, et le vice-amiral Baudouin, préfet maritime. La soirée est douce et agréable – loup grillé au fenouil, agneau de pré-salé rôti et omelette norvégienne sont notamment servis –, mais la nuit, on le sait, sera exécrable. Le lendemain, vers 9 heures, après une messe célébrée par l'abbé Pierre Chomienne dans la chapelle attenante, De Gaulle quitte sans regret les lieux. Et dire que ses conseillers comptaient qu'il y dorme une seconde nuit…

Dans la journée qui suit, le Général échappe de nouveau à un attentat fomenté par l'OAS, alors qu'il inaugure au mont Faron un monument de commémoration militaire. Des explosifs, cachés dans deux grandes jarres, auraient dû exploser sur le passage du président, mais ne se déclencheront finalement que quelques jours plus tard. Encore un miracle dont peut se féliciter le jardinier de la pinède, un certain M. Neredec, puisqu'il aurait généreusement arrosé les plantes le matin même et aurait ainsi noyé le dispositif électrique de l'engin. D'autres versions prétendent plutôt que le complice chargé d'activer la détonation aurait été empêché de le faire à la dernière minute, voire qu'il se serait ravisé. En février 1966 s'ouvrira le procès des « conjurés du mont Faron » qui tenteront de faire croire à un « attentat bidon ». Trois des quinze accusés, en fuite, seront « condamnés à mort par contumace », les autres à de la prison ou de la réclusion à perpétuité.

De retour à Paris après ce chaotique séjour en Provence, De Gaulle ne se montre étrangement pas hostile à l'idée d'équiper durablement le fort de Brégançon, comme on le lui avait suggéré plus tôt. Par arrêté du 5 janvier 1968, la résidence est affectée à titre définitif au ministère des Affaires culturelles, qui lui attribue le statut officiel qu'on lui connaît aujourd'hui. De grands travaux, dont le coût total s'élèvera à trois millions de francs, sont alors commandés, dirigés par Pierre-Jean Guth, architecte de la Marine nationale et lauréat du prestigieux Prix de Rome. Le Mobilier national fournit, quant à lui, bougeoirs, lustres et tapis. Le 14 août 1968, exactement quatre ans après la première visite présidentielle, la presse prétend que le Général pourrait séjourner quelques jours à Brégançon pour constater l'ampleur des rénovations[11]. Pourtant, jamais il ne profitera du fort remis à neuf.

Vizille, le château des présidents d'avant

Revenons quelques décennies en arrière. À une époque où le sénateur Bellanger était encore l'heureux propriétaire du

11. *Le Monde*, 15 août 1968.

fort de Brégançon. Avant De Gaulle, les présidents français prenaient leurs quartiers d'été dans un tout autre endroit, loin de la Méditerranée et de son soleil. C'est au château de Vizille, situé en Isère, à une vingtaine de kilomètres de Grenoble, qu'ils posaient leurs valises pour la belle saison. Gaston Doumergue est le premier à s'y installer, en 1925. Plus habitué à Rambouillet, qui a pour avantages d'être à seulement quelques kilomètres de Paris et d'offrir un parc giboyeux, ce président célibataire veut changer d'air. Les services de l'Élysée lui proposent alors d'aller passer quelques jours d'août à Vizille, dans ce château de conte de fées, tout droit sorti d'un livre de Perrault, qui jouit d'un parc de 100 hectares tout de même. En pénétrant dans cette bâtisse monumentale, faite de tours et d'ailes asymétriques, le président ne peut qu'être impressionné. Déjà, parce que le château de Vizille est complètement démesuré, mais aussi parce qu'il renferme entre ses hauts murs plusieurs siècles d'Histoire. Le 21 juillet 1788, il a notamment accueilli l'assemblée qui a inauguré la Révolution française. « Ce jour-là, 187 membres du tiers état, 49 du clergé et 159 de la noblesse se réunissent dans la salle du jeu de paume du château [...] On y réclame notamment la restauration du parlement et la réunion des États généraux[12] », explique l'historien Fabien Oppermann. Vizille a d'abord été la demeure personnelle d'un ancien président, Jean Casimir-Perier, avant d'être racheté par l'État en 1923, à la demande de plusieurs députés qui voulaient sauver ce monument menacé d'un inéluctable effondrement.

---

12. Fabien Oppermann, *Dans les châteaux de la République, Le pouvoir à l'abri des regards*, Éditions Tallandier, 2019.

Ce 2 août 1925, Gaston Doumergue, éternel vieux garçon (il ne se mariera que douze jours avant la fin de son septennat), n'arrive pas seul à Vizille. Une trentaine de collaborateurs et de domestiques l'accompagnent. Si la France n'est plus une monarchie, c'est bien toute une cour itinérante que le chef de l'État emmène avec lui dans ses déplacements. Sous la Troisième République, puis la Quatrième, les vacances présidentielles sont certes plus longues, mais ne marquent pas une véritable pause dans la vie politique. Le président n'y a pas un quotidien beaucoup plus différent de celui qu'il mène à l'Élysée. La région est belle, entourée de montagnes et arrosée par la Romanche, mais Doumergue s'y ennuie rapidement. Six jours seulement après son arrivée, il reprend un train pour Paris, « après avoir laissé 1 000 francs aux pauvres de Vizille et 2 000 francs à ceux de Grenoble[13] ». Le président promet à la population locale de revenir très bientôt, mais à une condition : que le château soit rafraîchi et modernisé, il le trouve en effet trop austère. De grands travaux sont immédiatement lancés – ils dureront deux ans –, pour autant, Doumergue n'y reviendra plus jamais. Son successeur, Paul Doumer n'aura, quant à lui, pas le temps d'en profiter, puisqu'il sera assassiné dix mois après son élection.

En 1936, Albert Lebrun rouvre grand les portes de Vizille. Il investit le château avec toute sa famille : femmes, enfants, petits-enfants… Marguerite Lebrun, Madame la présidente comme on dit alors, est émerveillée par la

---

13. *Ibid.*

bâtisse et son parc peuplé de cygnes blancs. Le 2 août, en le découvrant, elle note dans son journal : « Il a très grand air, c'est un monde ; sous-sols énormes, cinq étages, combles. » Elle s'amuse de faire de « l'alpinisme à domicile », devant gravir « 77 marches jusqu'au perron, 109 jusqu'à sa chambre, et même 135 jusqu'à l'appartement de sa belle-fille Bernadette logée à l'étage supérieur[14] ». Mme Lebrun s'est installée dans la tour ronde, où elle se sent « comme à l'Élysée ». Chaque jour, elle ne se lasse pas d'arpenter de long en large la roseraie et les immenses jardins, devant tout de même parfois se contraindre à arrêter ses flâneries pour recevoir à déjeuner les notables du coin ou le curé du village. Les vacances ont en effet leur lot d'obligations. Dès son arrivée en gare de Grenoble, le président est reçu par des officiels. De même à Vizille, où il se voit accueilli par un discours du maire, les bras chargés de bouquets que viennent de lui remettre quelques fillettes. Durant ses congés, il doit également se plier à plusieurs inaugurations, de barrages ou de musées, et à des déjeuners, avec des conseillers régionaux et des sénateurs. « Vraiment, jusqu'au bout, tout aura été une féerie », s'enthousiasme de son côté Mme Lebrun, après presque un mois de villégiature à Vizille. Elle revient d'ailleurs deux étés plus tard, en 1938. Toute la famille y loge du 30 juillet au 29 août. Ce second séjour est aussi le dernier pour les Lebrun puisque, un an plus tard, la guerre éclate. Ironie du sort, le président, démis de ses fonctions à Vichy au profit du maréchal Pétain, trouve refuge chez sa fille et son gendre, dans leur villa de Vizille, à deux pas du château.

14. *Ibid.*

Si le glas de la Troisième République a certes sonné, la Quatrième naissante conserve Vizille comme lieu de villégiature présidentiel. En 1947, Vincent Auriol y passe quelques jours d'été et s'émerveille de la beauté du parc où il fait quelques miraculeuses parties de pêche. Mais la demeure est, quant à elle, délabrée, par faute d'entretien pendant plus de six ans, et Mme Auriol préfère aller à Rambouillet. À sa suite, René Coty, élu en 1954, investit Vizille, plus que tous ses prédécesseurs. Il considère ce château comme sa résidence secondaire et y séjourne pas moins de cinq fois en quatre ans, parfois même plus d'un mois d'affilée. À tel point qu'il y entreprend de grandes rénovations, dont l'installation de deux ascenseurs. De quoi s'éviter l'alpinisme dont parlait Mme Lebrun. En 1957, il fait également réaménager les chambres et les salles de bains. Vizille a désormais tout le confort d'un grand hôtel. Coty réserve cette résidence républicaine aux retrouvailles familiales, avec ses deux filles et ses dix petits-enfants. Quand il séjourne au château, il ne travaille donc pas ou peu. Les journées sont rythmées par des promenades, des jeux, des lectures ainsi que des projections de films. Le président y reçoit tout de même quelques officiels, à l'instar de l'empereur du Vietnam Bao Dai et de son épouse, l'impératrice Nam Phuong. Comme Brégançon, plus tard, Vizille mêle ainsi savamment vie privée et vie publique. L'ambiance y est toujours plus détendue qu'à l'Élysée, même quand il s'agit d'y accueillir des dignitaires.

Après Coty, De Gaulle, arrivé au pouvoir en 1959, aurait donc pu s'installer dans ce château remis à neuf, avec tout le dernier confort. Mais le Général a des goûts difficiles. Il n'aime d'ailleurs aucun palais de la République, mis à part le Grand Trianon, à Versailles, qu'il compte un temps habiter à la place de l'Élysée. Le premier président de la Cinquième République se détourne donc rapidement de cette résidence dauphinoise, dans laquelle il ne dormira qu'une nuit, le 6 octobre 1960, à l'occasion d'un déplacement en Isère. Le Général organise alors un dîner où sont conviés quelques ministres, préfets, généraux et personnalités locales. La soirée est charmante, mais pas assez pour que De Gaulle s'attache à Vizille. Il n'y reviendra plus, préférant passer ses étés chez lui, à Colombey-les-Deux-Églises.

À bicyclette

Le feu crépite dans la cheminée en briques roses du grand salon. Ce mois de juillet 1960 est étonnamment froid pour la saison. En début d'été, les données météorologiques ont même relevé quelques gelées en région parisienne, et on a vu de la neige tomber sur les sommets vosgiens. À Colombey-les-Deux-Églises, le thermomètre atteint difficilement les vingt degrés. Une température idéale pour le Général, qui n'est pas homme à sortir en simple maillot de corps. De Gaulle ne quitte jamais ni sa cravate ni son pardessus, pas même pour sa promenade quotidienne, ou encore pour regarder passer la caravane du Tour de France.

Ce 16 juillet 1960, les coureurs de la Grande Boucle traversent en effet Colombey-les-Deux-Églises. La petite localité de la Haute-Marne est sur le parcours de la vingtième étape – l'avant-dernière avant de rejoindre Paris – qui relie Besançon à Troyes. La veille de la course, la presse s'interroge : le chef de l'État, que tout le monde sait en congés à *La Boisserie*, sortira-t-il de chez lui pour saluer les cyclistes ? D'ailleurs, personne ne peut dire vraiment si De Gaulle aime le vélo. Il n'en a en tout cas jamais manifesté un quelconque intérêt en public.

En réalité, le Général ne s'est jamais passionné pour le Tour de France, mais il sait l'événement important. Depuis sa création en 1903, la compétition sportive n'a cessé de prendre de l'ampleur, captivant aux quatre coins du globe. C'est même à se demander si la Grande Boucle n'est pas plus célèbre que le grand Charles à l'étranger ! Le président n'a donc pas le choix : alors que le peloton approche de *La Boisserie*, il se mêle à la foule, avec son épouse qui le suit, « au milieu des airs d'accordéon, des distributions de petites trompettes et de chapeaux en papier[15] ». Le Général ne passe pas devant les spectateurs, qui attendent sur le trottoir depuis parfois plusieurs heures. Son mètre quatre-vingt-seize lui permet de tout voir.

La rencontre entre le président de la République et les sportifs n'était pas prévue, ni dans l'agenda élyséen – d'autant que De Gaulle est officiellement en vacances – ni dans le programme très serré organisé par Jacques Goddet, directeur du Tour. Ce dernier n'avait été averti par la gendarmerie qu'un peu plus tôt dans la journée de la possible présence du Général au bord de la route, et une caravane qui le précédait de seulement quelques minutes lui avait confirmée.

---

15. *Le Figaro*, 18 juillet 1960.

« Au sommet de la côte de Colombey, on vivait des moments d'histoire, s'enthousiasme Pierre Macaigne, reporter du *Figaro*, qui assiste à la scène. Il y eut, en un clin d'œil, un embouteillage monstre de voitures, de motos, au milieu d'une galopade de photographes, de cinéastes, de journalistes et de radioreporters ». Exceptionnellement, Jacques Godet immobilise le peloton en pleine course. Tous descendent de leur vélo et enlèvent leur casquette pour saluer le président de la République. « C'est mon dernier Tour ! Jamais je n'aurais osé imaginer que je le finirais en serrant la main du chef de l'État ! » s'émerveille le coureur Antonin Rolland[16]. Alfredo Binda, directeur de l'équipe nationale italienne, saute sur le Général pour se présenter à lui. Le président félicite les champions de cette édition, l'Italien Gastone Nencini, maillot jaune, ainsi que les Français Jean Graczyk, André Darrigade et Henri Anglade, qui sont au premier rang du peloton. Seul le coureur Bernard Gauthier grommelle : « Ce n'est pas de chance. Juste au moment où j'allais attaquer[17] ! » Il aurait pu ne pas s'arrêter, à l'instar de son collègue Pierre Beuffeuil qui a profité de cette pause improvisée pour filer et gagner l'étape. S'il l'a certes emportée, tout le monde blâmera son manque de respect envers le Général.

Si le président n'apprécie pas particulièrement le Tour de France, il est un adepte d'un programme estival tout aussi emblématique. Même s'il s'agit d'une compétition d'un autre genre. Pour rien au monde, De Gaulle n'aurait manqué

16. *Ibid.*

17. *Ibid.*

un numéro d'*Intervilles*, l'émission créée en 1962 par Guy Lux et Claude Savarit. Des vachettes, des tapis savonneux, des épreuves inénarrables et beaucoup de gadins. La recette a fait mouche pendant des décennies et a bercé plusieurs générations de téléspectateurs, dont le Général, fidèle au poste, c'est le cas de le dire.

En 1964, alors qu'il reçoit le chancelier allemand Konrad Adenauer au château de Rambouillet pour un dîner, De Gaulle s'excuse de devoir prendre congé pour aller regarder *Intervilles*. « Je m'absente une petite heure pour aller regarder une émission que j'aime beaucoup, d'autant que, ce soir, l'une des deux villes en compétition a pour maire l'un de mes amis intimes », lui aurait-il expliqué. Plutôt que de rester seul, Adenauer le rejoint devant la télévision et se prend au jeu. Comment résister en effet à tout ce folklore, à ces impayables courses aux œufs, et à ce duo d'animateurs aussi mal assortis que complémentaires, les inoubliables Guy Lux et Léon Zitrone ? Ce soir-là, riant ensemble de bon cœur devant ce programme, le président et le chancelier esquissent l'idée d'un *Intervilles* franco-allemand. Quelques jours plus tard, De Gaulle appelle en personne Guy Lux pour lui suggérer le projet, appuyé par son ministre de l'Information Alain Peyrefitte.

Fin mai 1965, soit deux ans après la signature du traité de l'Élysée qui ratifie les termes de la coopération franco-allemande, *Jeux sans frontières* voit le jour sur la première chaîne de l'ORTF. Le principe est similaire à celui d'*Intervilles*, sauf que ce sont cette fois des municipalités françaises et allemandes qui s'affrontent. La première émission oppose donc Dax à Warendorf. D'autres pays européens entreront ensuite dans la danse, comme l'Italie, la Suisse, la Belgique, l'Espagne, la Slovénie, etc. Une chose est sûre : l'esprit grande kermesse est intact. De quoi promettre de belles soirées télé au Général et à Tante Yvonne.

Georges Pompidou

Adieu Saint-Tropez !

Si De Gaulle rechignait parfois à prendre du repos, son successeur, Georges Pompidou, élu en juin 1969 à 58 % des voix face à Alain Poher, adore les vacances. Avant d'être Premier ministre du Général, poste qu'il occupa de 1962 à 1968, il avait l'habitude de se mêler aux mondanités de la Côte d'Azur, plus précisément de Saint-Tropez, qui était la station balnéaire où il fallait voir et être vu. Quand le ciel de Paris était trop gris, Claude, son épouse, bouclait leurs valises, et ils sautaient dans leur Porsche blanche, direction le sud. Le soleil de Provence leur rappelait les premières années de leur amour. Dans les années 1930, Pompidou avait été nommé au lycée Saint-Charles de Marseille, où il enseignait le français, le latin et le grec ancien. Claude, qu'il avait rencontrée quelque temps plus tôt dans un cinéma de Saint-Germain-des-Prés, l'y avait suivi, sans se poser de question. Entre eux, c'était une évidence, un coup de foudre, comme on n'en voit habituellement que dans les films. À Saint-Trop', les Pompidou frayaient avec la jet-set, et notamment avec le clan Rothschild, dont ils s'éloigneront une fois à l'Élysée. « Ma mère aimait profondément les vacances et mon père, lui, en avait besoin[1] », se souvient Alain Pompidou, fils unique du couple. Mais en 1962, quand De Gaulle nomme Georges Pompidou à Matignon, il lui assène, par la même occasion, l'obligation d'abandonner les festivités à Saint-Tropez. « Désormais, vous irez en Bretagne », le somme-t-il. Tout est une question d'image et Pompidou le comprendra vite. « D'autant que les Pompidou sont des gens authentiques et naturels », souligne leur fils. Alors autant montrer cette facette de leur personnalité aux Français.

Élu président, Georges Pompidou ne retourne donc pas à Saint-Tropez, et privilégie les vacances simples, familiales… et longues. À l'époque, le chef de l'État a certes un emploi du temps surchargé, mais avec beaucoup moins de déplacements à l'étranger qu'aujourd'hui, notamment parce que le traité de Maastricht n'était pas encore signé et que l'Union européenne n'existait pas en tant que telle. Les congés du chef de l'État se calquent alors sur l'arrêt des travaux parlementaires, souvent du 14 juillet au 15 septembre. Durant ces deux mois, l'activité du gouvernement n'est tout de même pas à l'arrêt, mais plutôt au ralenti. Les cabinets ministériels assurent la permanence sur les affaires courantes et préparent la rentrée. Tout comme le président, qui s'installe hors de Paris pour l'été tout en y revenant régulièrement, soit pour un conseil des ministres, soit pour un dossier plus

1. Entretien avec l'auteur, 12 septembre 2020.

brûlant. Où qu'il soit en villégiature, Pompidou reçoit, tous les deux jours, un inspecteur venu de la capitale qui lui laisse une mallette pleine de documents à parapher. Le président est connu pour travailler vite et bien : en un après-midi, il apostille le tout et, dès le lendemain, l'inspecteur peut repartir, les bras chargés de dossiers adressés aux différents ministères. « Même si je prends un bain de soleil, je ne peux pas ne pas me rappeler que je suis chef de l'État et qu'à ce titre j'ai des responsabilités que je ne peux déléguer à personne et qui pèsent sur moi en permanence », avait d'ailleurs déclaré le président dans une interview, avant de prendre ses premiers congés, en 1969.

Plutôt que de s'établir dans une seule et même résidence secondaire, Georges Pompidou partage ses étés entre plusieurs lieux. Chaque année, il passe une dizaine de jours dans le Var, quinze jours en Bretagne et un mois environ chez lui, à Cajarc, dans le Lot. S'ajoute parfois à cette trilogie un court séjour à Orvilliers, dans les Yvelines, où il a acheté, en 1954, un ancien relais de poste. Son crépi étant clair, les Orvillierois la surnommaient la *Maison blanche*. Une appellation que conservèrent les Pompidou et qui s'avéra être une sorte de prophétie quant à son destin présidentiel. Le jardin y est grand et agrémenté de diverses variétés de roses. On y joue au croquet, et au billard dans le grand salon. « Mais Orvilliers, c'était surtout pour les week-ends, et pour sortir de la capitale. Pas vraiment pour les vacances[2] », précise Alain Pompidou, qui y réside encore une partie de l'année.

---

2. *Ibid.*

L'été, la Première dame a besoin de soleil, et ce n'est pas forcément dans les Yvelines qu'elle le trouve.

La bouillabaisse

Même s'il a déserté Saint-Tropez, Georges Pompidou reste attaché à la Provence. Pour son premier été de président, il est donc invité dans le Var, par le préfet de la région, qui lui suggère de résider dans la villa *Le Nonchaloir*, située au Lavandou. Mais Pompidou jette son dévolu sur une demeure voisine : le fort de Brégançon. En 1969, la citadelle méditerranéenne n'a toujours pas étrenné sa nouvelle fonction. On le sait : De Gaulle l'a officialisée comme résidence présidentielle, a commandé de grandes rénovations, mais n'y a jamais mis les pieds après cela. Pompidou tient pourtant à y aller pour marquer son héritage gaulliste, et respecter ce que le Général avait institué. Quelques semaines seulement après son élection, il effectue d'ailleurs une visite express, de quelques heures, à Brégançon. Il constate que les travaux sont bien terminés, que le fort est calme et propre, mais qu'il manque assurément de cachet. De Gaulle, éternel homme de guerre, le voyait comme une place militaire; Pompidou, lui, veut en faire une maison de famille où chantent les enfants et les cigales.

Personne n'a jamais douté du goût de Claude Pompidou, qui a mis toute son âme dans les lieux qu'elle a habités. Elle se charge donc de redécorer Brégançon. « En voyant ce qu'en avait fait le Général, ma mère s'est exclamée : "On ne peut tout de même pas passer des vacances ici, c'est comme si on avait transporté l'Élysée au bord de la mer." Alors il y a eu un réaménagement[3] », se souvient Alain Pompidou. Avant d'insuffler de la modernité au 55 rue du Faubourg-Saint-Honoré, où elle fera notamment installer dans ses appartements privés des œuvres de Giacometti, d'Ernst, de Nicolas de Staël et d'Hans Arp, la Première dame s'attaque au fort de Brégançon. Comme s'il était un brouillon de ce que serait l'Élysée. Elle fait appel au designer Pierre Paulin, lui donne carte blanche pour effacer le caractère trop pompeux des lieux et le remodeler avec son œil contemporain. Les lustres, les tapis et les vieux meubles sont renvoyés au Mobilier national, troqués contre des fauteuils en cuir blanc, des tables en plexiglas, des sculptures abstraites et des aciers scandinaves. Les commodes pansues sont quant à elles remplacées par des coffres en bois laqué. « Un style contemporain, sobre mais confortable[4] », résume Alain Pompidou.

« On ne peut pas dire que mon père aimait particulièrement cette maison, mais il voulait en faire un lieu d'accueil pour la famille et les amis[5]. » Aucun officiel n'est donc invité à Brégançon. Pompidou fait aménager les dépendances pour recevoir cousines germaines, neveux, oncle et tante. L'ambiance est conviviale et détendue. Le président joue aux cartes et aux échecs avec son beau-frère, François Castex. L'après-midi, il ne manque jamais une partie de pétanque, à laquelle il convie souvent ses officiers de sécurité,

3. Entretien avec l'auteur, 12 septembre 2020.

4. Alain Pompidou, *Claude*, Flammarion, 2016.

5. Entretien avec l'auteur, *op. cit.*

même s'ils sont bien meilleurs que lui. Les sorties en mer sont également quotidiennes. La Marine nationale met à disposition de la famille présidentielle une petite vedette qui permet les excursions sur les îles voisines, notamment Porquerolles, dont Pompidou admire le paysage. Durant son mandat, il en fera d'ailleurs un site classé. « Je ne sais pas si on peut dire qu'il était écologiste, mais il avait la fibre de protection du paysage, et notamment du littoral[6] », assure Alain Pompidou. La Première dame, qui adore nager, profite de ces promenades pour plonger du bateau. Si l'avantage de Brégançon est bien la tranquillité, son inconvénient reste l'accès difficile à la plage, d'ailleurs jugée trop sale et inhospitalière, pleine de gros cailloux. Claude Pompidou se retranche donc sur la jetée d'une propriété toute proche, appartenant au chef d'entreprise Paul-Louis Weiller, pour faire trempette. Les journalistes, qui campent sur une plage voisine, guettent, jumelles en main, ses baignades. « Mme Pompidou change volontiers la couleur de ses maillots selon l'heure du bain. Au début de l'après-midi, il est vert pastel avec casquette bleu marine et veste de plage orange, le soir le “une-pièce” très strict de la présidente devient mauve tandis que le bonnet vire au vert et que la veste a des reflets citron[7] », écrit l'un d'eux, un certain Philippe Bouvard, au début de sa carrière, dans les pages du *Figaro*.

Les repas, déjeuners et dîners, rythment aussi les journées. « À l'époque, on ne mangeait pas sur un coin de table. On

6. *Ibid.*

7. *Le Figaro*, 11 août 1969.

prenait du temps… », se souvient Alain Pompidou. Si à l'Élysée le président garde toujours un œil sur les menus, à Brégançon, c'est lui-même qui les compose, de A à Z, ou plutôt de l'entrée au dessert. Quand il est au bord de la Méditerranée, il tient à profiter de ce qu'elle lui offre : coquillages, rougets, homards, langoustes… Georges Pompidou aime les produits de la mer, mis à part les oursins dont il ne raffole pas. La bouillabaisse est bien évidemment un incontournable des séjours au fort. Pompidou en fait servir à chaque fois qu'il y vient, comme Jacques Chirac le fera après lui. Ce dernier appréciera surtout celle d'André Del Monte, tenancier d'un petit établissement situé entre Le Lavandou et Cavalaire. L'autre indispensable sur la table de Georges Pompidou est bien sûr la tarte tropézienne, achetée dans la région ou parfois confectionnée par le chef de l'Élysée. Ces repas sont toujours l'occasion de longues discussions, durant lesquelles « naissent parfois des idées pour la rentrée politique[8] ».

Après le déjeuner, Georges Pompidou se met à son bureau, pour régler les affaires politiques, mais aussi pour se plonger dans des écrits plus personnels. À Brégançon, il commence la rédaction de ses *Mémoires*, au début des années 1970. Il y écrit également une partie de ses *Lettres, notes et portraits*, qui seront publiés des décennies après sa mort. C'est d'ailleurs perché sur le piton rocheux du fort qu'il songe à ses derniers jours. En août 1972, durant ses vacances varoises, il prend la plume pour exprimer ses dernières volontés, alors qu'il se sait à peine malade. « Mais il se disait qu'il ne savait pas ce qui

8. Entretien avec l'auteur, 12 septembre 2020.

pouvait lui arriver[9] », croit savoir son fils. Il rédigera trois lettres différentes : l'une adressée à sa chère Claude, l'autre à Alain et la dernière pour détailler ses souhaits concernant sa sépulture : « Je veux être enterré à Orvilliers. Je ne veux ni fleurs, ni couronnes, ni monument funéraire, bien sûr. Une simple dalle de pierre de taille, avec mon nom et les dates de ma naissance et de ma mort. Une messe sera dite à Paris, à Saint-Louis-en-l'île. Elle sera chantée en grégorien. » Il remettra ensuite ces documents à Édouard Balladur qui eut à les révéler seulement deux ans plus tard.

Enfin, jamais un séjour des Pompidou à Brégançon ne se passe sans une messe à l'église de Bormes-les-Mimosas. Ils s'y rendent chaque dimanche, et ce dès leur premier été dans la région. En 1969, l'abbé Pierre Baccuzzi n'avait été prévenu de leur venue qu'à la dernière minute, ce qui l'avait contraint à modifier quelque peu son sermon, pour y rendre hommage au chef de l'État, comme le raconte Philippe Bouvard à l'époque : « L'accent provençal a donné, ce matin, un écho supplémentaire aux premières phrases de l'ecclésiastique tourné vers le chef de l'État (installé au dernier rang, alors que les premiers sièges lui avaient été réservés) : "Monsieur le Président, vous avez la responsabilité d'une nation de cinquante millions d'âmes. Votre exemple nous incite à prendre conscience en chrétiens de notre responsabilité et de la mission que nous avons auprès des hommes[10]." » Après cette première rencontre, le curé

9. Entretien avec l'auteur, *op. cit.*

10. *Le Figaro*, 11 août 1969.

devient un ami des Pompidou, qui l'invitent régulièrement au fort, pour déguster une bouillabaisse, bien évidemment.

La petite maison dans la prairie

Claude Pompidou pousse la porte de son appartement du quai de Béthune, à Paris, le sourire aux lèvres. Pas le temps de défaire ses valises, elle trépigne trop de leur annoncer la nouvelle. Elle rejoint donc son mari et leur fils, Alain, dans le salon : « Georges, quel week-end ! Le Lot, c'est magnifique, authentique et beau, et puis, la lumière de la Grèce... Tu vas être séduit[11]. D'ailleurs, j'ai acheté deux maisons », ajoute-t-elle, l'air de rien. On imagine la surprise de Georges Pompidou, qui lui demande plus de précisions. Mais Claude ne s'est pas préoccupée des détails immobiliers. Elle mentionne juste la vue magnifique qui donne sur le Causse et la vallée du Lot. Des terres que Georges Pompidou connaît bien, puisqu'il y puise ses racines. Ses aïeux du côté maternel étaient des paysans cantaliens très modestes. Il est d'ailleurs né à Montboudif, le village de ses grand-parents, à 950 mètres d'altitude, dans lequel il est par la suite revenu souvent. Une maison dans le Lot ne peut donc être pour lui qu'une madeleine de Proust. Quelques mois plus tôt, il avait d'ailleurs émis le souhait d'acquérir une fermette où il pourrait mener une vie authentique, comme celle de ses ancêtres, « où l'on élève des poulets avec du grain et des vaches avec du foin, où l'on mangerait des œufs qui n'auraient pas goût

11. Propos rapportés par Alain Pompidou dans *Claude*, *op. cit.*

de poisson, des poulets qui n'auraient pas d'hormones, du beurre et du lait naturels et ce sera bientôt fabuleux que de vivre comme un petit propriétaire de 1850[12] ». L'idée avait visiblement séduit Claude Pompidou, qui avait décidé ne pas la laisser lettre morte.

En week-end dans le Lot avec son amie Suzanne Defforey, sœur de Françoise Sagan, qui en est originaire, Claude Pompidou s'était donc mise en tête d'acheter une maison. Les Pompidou sont très proches des Sagan, autant de Suzanne que de Françoise, l'auteure de *Bonjour Tristesse*, qui partage une véritable complicité avec Georges. Un jour, elle lui offrit même une voiture, une Bristol précisément, qui termina la carrosserie froissée au fond d'un fossé. Le président Pompidou aimait la vitesse, que voulez-vous ! Guidée par un notaire qui lui fait visiter tous les manoirs de la région, Claude Pompidou finit par tomber sous le charme de deux petites maisons, au détour d'un chemin de terre, à peine praticable. Elles n'ont rien des demeures bourgeoises qu'on voulait alors lui vendre. L'une est habitable, mais l'autre est en ruines. « Datant de 1850, ces fermes sont destinées à héberger des paysans pauvres, éleveurs de moutons et cultivateurs de misérables pâturages[13] », précise Alain Pompidou. Les deux propriétés, situées dans le village de Cajarc, s'étalent sur plus d'une centaine d'hectares, pouvant accueillir moutons et chevaux. Claude Pompidou, qui ne recherchait que cette authenticité, est séduite. Elle signe immédiatement pour

12. Georges Pompidou, *Lettres, notes et portraits, 1928-1974*, Le Livre de Poche, 2014.

13. Alain Pompidou, *Claude*, *op. cit.*

les deux maisons : l'une sera pour Georges et elle, l'autre pour leur fils.

Si, au départ, Georges Pompidou s'étonne du coup de tête de son épouse, il lui cède rapidement. « Mon père venait d'accepter d'être Premier ministre de De Gaulle, alors que ma mère ne voulait pas. Pour se faire pardonner, il lui avait acheté Cajarc[14] », explique Alain Pompidou. Le cadeau est d'ailleurs loin d'être onéreux, le prix des deux maisons étant plutôt modique, quinze mille francs de l'époque. Claude ne s'était pas trompée : dès sa première visite à Cajarc, Georges Pompidou est conquis. Face aux monts verdoyants du Cantal, le Premier ministre retrouve la saveur de son enfance et tous ses souvenirs reviennent à lui. Avant de s'y installer, d'importantes rénovations sont tout de même nécessaires. Un architecte de la région, Jacques Prévost, en est chargé, tandis que l'ameublement est l'affaire d'une antiquaire de Villefranche-de-Rouergue, commune à une vingtaine de kilomètres, du nom de Suzanne Biard. « Une femme ayant son franc-parler », dont se souvient parfaitement Alain Pompidou : « Un jour, où Georges tente de négocier un prix, sa réponse est sans détour : "Mais alors, monsieur le Premier ministre, si vous ne pouvez pas vous l'offrir, qui va pouvoir se le payer[15] ?" »

Devenu président, Georges Pompidou n'en délaisse pas pour autant Cajarc, où il siège au Conseil municipal à partir de 1965. Bien au contraire, dès que la fonction élyséenne lui

14. Entretien avec l'auteur, 20 septembre 2020.

15. Alain Pompidou, *Claude*, *op. cit.*

laisse quelques moments de répit, c'est le plus souvent du côté du Lot qu'il part souffler. Les Pompidou retrouvent leur ferme chaque année à Noël et à Pâques, mais aussi durant environ un mois l'été. Avec la *Maison blanche* d'Orvilliers, c'est là où ils se sentent le plus chez eux. Entourés de prés, ils vivent au rythme des paysans. Mais comme la reine Marie-Antoinette dans son hameau fantasmé aux portes de Versailles, le quotidien agricole des Pompidou à Cajarc a quelque chose de romanesque et de particulièrement raffiné. Certes, ils élèvent sur leurs terres un troupeau de quatre-vingts brebis caussenardes – reconnaissables à leur tour des yeux noir –, mais n'en retirent aucun bénéfice. « Ça coûtait plus que ça ne rapportait, assure Alain Pompidou, mais il y avait quelque chose de bucolique à voir les moutons dans les pâturages autour de la maison[16]. » Un couple de bergers est recruté pour prendre soin des précieux ovidés, tirer le lait et en faire de délicieux fromages. Il est logé dans une des deux bâtisses qui bordent le chemin menant à la maison principale. Dans l'autre, une écurie est aménagée, tandis que dans une grange voisine sont installés les policiers chargés de la sécurité du premier homme de l'État.

Comme dans un livre de Marcel Aymé, les animaux s'épanouissent à Cajarc. Il y a là des poules, des coqs et des oies. Georges Pompidou est aussi continuellement entouré de chiens, à commencer par son fidèle Jupiter, un labrador noir qui a pris ses quartiers à l'Élysée et qui inaugura une tradition que conserveront tous les présidents, jusqu'à Emmanuel

16. Entretien avec l'auteur, *op. cit.*

Macron et son Nemo, un croisé griffon et labrador noir lui aussi. Certains matins, Pompidou et Jupiter partent à travers champs à la chasse aux canards. Un superbe lévrier, offert par le roi d'Afghanistan, et un corniaud les accompagnent aussi dans cette activité. La Première dame, de son côté, préfère monter à cheval. Excellente cavalière, elle ne manque pas d'occupation à Cajarc, puisque le roi du Maroc a offert au président plusieurs chevaux. Mais son préféré reste un pur-sang de Camargue, cadeau de l'armateur Francis Fabre.

« Ma mère montait à cheval, mon père s'occupait des moutons, mais il était surtout content de voir ma mère épanouie. » Voilà comment Alain Pompidou résume les vacances dans le Lot, où les journées d'été coulaient comme un long fleuve tranquille, au son des rires des petits-enfants du couple présidentiel. En effet, dès qu'elle le peut, la Première dame modifie son emploi du temps, afin de garder Thomas, Romain et Yannick, les fils d'Alain. Les matins se ressemblent tous à Cajarc : Georges et Claude Pompidou prennent leur petit déjeuner de leur côté, séparément de leurs invités – il y en a toujours beaucoup, soit des amis, soit de la famille, voire les deux en même temps – qui, eux, dorment dans les dépendances. Le président profite de ce moment pour parcourir toute la presse nationale, de droite comme de gauche, économique comme culturelle. Maîtres de maison et convives se retrouvent ensuite vers 11 heures au bord de la piscine – une ancienne citerne qui a été transformée en bassin – pour faire quelques brasses et partager un apéritif. Cette joyeuse société discute des dernières actualités et refait le monde, tandis que s'affaire un personnel mis à disposition par l'Élysée. Le déjeuner est servi à l'extérieur, sur des grandes roues de moulin qui font office de tables. Parfois, des paysans du coin viennent prendre le café. Les après-midi sont consacrés aux promenades et aux excursions, notamment dans les grottes environnantes. « Mon père adorait les activités touristiques, mais par contre il détestait le sport. La seule fois où il a voulu jouer au tennis, il s'est rompu le tendon d'Achille[17] », s'amuse Alain Pompidou. Parfois, le président doit tout de même rester à son bureau, pour plonger dans quelques dossiers. Le soir, le dîner a lieu dans le pigeonnier, transformé en salon de musique, où est dressée une grande table « avec des étains anciens et des assiettes au décor régional du siècle précédent[18] ». Ces repas, qui se terminent tard à la lueur de la cheminée, sont animés et gais, à l'image du quotidien à Cajarc. « Là-bas, on baignait dans la musique et la poésie[19] », s'extasie Alain Pompidou. Au bord de la piscine, une platine tourne en continu. Les invités choisissent des disques, de la musique classique ou du folk, on écoute Joan Baez et Leonard Cohen. Guy Béart, qui aime venir se ressourcer dans le Causse, gratte parfois sa guitare et assure l'animation. Tout comme le président qui récite des poèmes, ou des vers de l'*Iliade* et de l'*Odyssée*, qu'il connaît par cœur. Claude pouvait ainsi l'écouter pendant des heures. Le président était un véritable amoureux des belles lettres. Avant d'être élu par les Français, il avait d'ailleurs publié, en 1961, une *Anthologie de la poésie française* qui fait encore date.

---

17. Entretien avec l'auteur, *op. cit.*

18. Alain Pompidou, *Claude*, *op. cit.*

19. Entretien avec l'auteur, *op. cit.*

À Cajarc, les Pompidou font se croiser une foule de convives hétéroclites. Beaucoup d'artistes, comme le chanteur Guy Béart, mais aussi Jean Vilar, comédien et fondateur du festival d'Avignon, les peintres Martial Raysse et Guy de Rougemont, l'éditeur Christian Bourgois et sa compagne Jacqueline de Guitaut, le violoncelliste Mstislav Rostropovitch – bien connu pour avoir notamment joué une sarabande de Bach au pied du mur de Berlin tout juste effondré – et son épouse, la soprano russe Galina Vichnevskaïa, les frères écrivains Jacques et François Gall, ou encore la princesse d'Arenberg. Des intellectuels qui aiment retrouver cette maison du bonheur, au plus près de la nature. Claude Pompidou se délecte de leur compagnie. Cela lui rappelle les soirées mondaines qu'elle organisait quai de Béthune, sur l'île Saint-Louis, une à deux fois par semaine, avant de devenir Première dame. Des festivités qu'elle a dû quelque peu restreindre avec l'arrivée de Georges à l'Élysée, devant plutôt se contraindre aux réceptions officielles. À Cajarc, elle retrouve donc le plaisir des dîners sans fin. Claude Pompidou est un oiseau de nuit : elle se couche tard et se lève tard, rarement avant 10 heures. Après tout, c'est les vacances !

Le nid de vipères

« Mais chère Madame, pourquoi n'iriez-vous pas en Bretagne ? » L'idée lui avait donc été soufflée, autour d'une tasse de thé, par Yvonne de Gaulle. Le Général venait d'interdire à son Premier ministre de retourner à Saint-Tropez ; Claude Pompidou devait donc trouver une autre destination pour l'été. Elle, qui ne se plaît qu'en congés, ne supportait pas de rester en place et ne pouvait donc pas se contenter de Cajarc pour seule villégiature. « J'adore les maisons. J'ai des maisons partout en France (en rêve) que j'ai repérées[20] », écrit-elle dans ses carnets. En 1968, elle loue donc une villa à Carnac, entre le golfe du Morbihan et la baie de Quiberon, commune célèbre pour ses alignements de menhirs. Georges Pompidou est épuisé par les récents événements de Mai 68. À tel point qu'il demande à De Gaulle de ne pas être reconduit dans ses fonctions. Le 10 juillet, il quitte Matignon et prend de longues vacances, avant de retrouver son siège de député du Cantal au palais Bourbon. Pendant trois semaines, les Pompidou s'installent donc sur la côte bretonne où le grand air de l'Atlantique semble revigorer Georges. L'ancien Premier ministre apprécie les promenades sur la plage, et jouit de retrouver du temps libre, notamment pour la lecture. Un loisir qu'il avait dû délaisser ces dernières années. Mais c'est aussi durant ce séjour qu'il s'aperçoit, pour la première fois, qu'il souffre d'une fragilité anormale des gencives, signe annonciateur de la maladie de Waldenström qui finira par le ronger.

En juillet 1969, pour le premier été de la présidence, les Pompidou retournent passer quelques jours en Bretagne, du côté de Paimpol, à l'Arcouest. Leurs amis, André et Liliane Bettencourt, y possèdent une superbe demeure, baptisée la *Maison de la Pointe*, qui surplombe l'océan et offre un sublime panorama sur l'île de Bréhat, à quelques kilomètres en bateau. Lui est un proche du président, tant

---

20. Citée par Alain Pompidou dans *Claude*, *op. cit.*

dans l'intimité qu'en politique. Georges Pompidou ne se séparera d'ailleurs jamais d'André Bettencourt tout au long de son mandat, et le nommera ministre délégué chargé du Plan et de l'Aménagement du territoire, puis ministre des Affaires étrangères. Elle, Liliane, héritière du groupe L'Oréal, s'entend très bien avec Claude Pompidou, avec laquelle elle partage le goût des vieilles pierres. La *Maison de la Pointe* lui a été léguée par son père, Eugène Schueller, fondateur de la Société française de teintures inoffensives pour cheveux, qui deviendra ensuite L'Oréal, mais également inventeur de la publicité moderne. La demeure a été meublée par Jacques-Émile Ruhlmann, décorateur d'intérieur en vogue jusqu'à sa mort dans les années 30. Tout y est resté dans son jus, jusqu'à la chambre des invités où les Pompidou dorment dans un lit en forme de bateau. Une originalité qui amusait beaucoup la Première dame.

« Je suis très heureux d'être en Bretagne, il fait un temps splendide, je me baigne et fais de la voile », déclare le chef de l'État aux journalistes qui lui tendent un micro à la sortie de la messe dominicale. Il apprécie tant le climat armoricain qu'il décide de s'installer chaque début d'été dans la région. La Bretagne devient pour lui « une thérapie », selon les mots d'Alain Pompidou. Une fois le 14 juillet passé, Claude Pompidou loue pour une quinzaine de jours, parfois trois semaines, un manoir à Fouesnant, dans le Finistère. Comme la plupart des grandes maisons bourgeoises, celle-ci a été baptisée d'un nom local : le *Kernaeret*, c'est-à-dire en breton le « nid de vipères ». « Il y avait en effet des bois autour, et sur la grande pelouse, on trouvait souvent des serpents[21] », se souvient Alain Pompidou. Pas de quoi effrayer Georges Pompidou qui, chaque jour, fait le tour de la propriété, pour admirer l'incroyable point de vue sur les îles de Glénan. S'il n'a pas peur de croiser quelques reptiles, le président ne supporte pas, par contre, de tomber nez à nez avec un des officiers chargés de sa sécurité. À Fouesnant, il veut retrouver une part de la liberté qu'il a perdue en entrant à l'Élysée. « La vie de chef d'État est vraiment une vie de prisonnier et une contrainte permanente. Claude souffre moins que moi en principe, plus que moi en pratique[22] », écrit-il à son ami d'enfance Robert Pujol, avec qui il entretiendra une correspondance durant plusieurs décennies. Pour ne pas tourmenter son épouse avec le poids de la fonction durant les vacances, il demande alors à ce que le cordon de sécurité, déployé autour du manoir, soit le moins visible possible. Il ne tolère pas non plus la présence d'agents aux alentours, lorsqu'il prend son déjeuner dans le jardin, ou qu'il part en promenade. « À l'approche de mon père, les gendarmes sautaient dans le fossé pour ne pas qu'il les voie[23] », s'amuse encore aujourd'hui Alain Pompidou. Mais les directives du président vont finir par le mener à quelques mésaventures. Un midi, alors que la famille prend son repas dehors, un individu étrangement vêtu franchit le cordon de sécurité, se dirigeant droit vers la terrasse. Que doivent faire les gendarmes ? L'intercepter ou respecter les consignes qui leur

21. Entretien avec l'auteur, *op. cit.*

22. Georges Pompidou, *Lettres, notes et portraits, 1928-1974*, *op. cit.*

23. Entretien avec l'auteur, *op. cit.*

interdisent de marcher sur la pelouse ? L'intrus s'approche pourtant dangereusement de la Première dame qui finit par le reconnaître. « Il s'agit en fait du célèbre clown Achille Zavatta, qu'elle invite à prendre le dessert en famille[24] », raconte Alain Pompidou.

À Fouesnant, les Pompidou savourent cette authenticité qu'ils chérissent tant. Le président n'aime rien de plus que d'aller à la pêche aux crevettes. Il sort aussi régulièrement en mer, sur le bateau de Michel Bolloré, l'industriel et père de Vincent Bolloré, qui réside avec son épouse dans leur résidence secondaire, située à quelques minutes du manoir de *Kernaeret*. Les Pompidou et les Bolloré passent donc une partie de leurs congés bretons ensemble. Georges aime les jours de grand vent, quand l'océan est déchaîné et que les vagues frappent la coque de son embarcation, menaçant de la faire chavirer. Il se sent alors plus libre que jamais, poussé par les bourrasques et flirtant avec le danger.

Même en juillet, le temps est souvent capricieux. Alors, toute la famille – Alain, sa femme et ses fils viennent régulièrement – se retrouve devant la cheminée, pour des jeux de cartes et des lectures. Un jour, se prêtant au fameux questionnaire de Proust, Georges Pompidou répond à la question « Quelle est votre idée du bonheur ? » : « Au coin du feu, le soir, auprès d'une âme aimée. » Les séjours à Fouesnant lui permettent de toucher à cet idéal, auquel il ajoute souvent un verre de whisky et une partie de gin rami. Comme à Cajarc,

24. Alain Pompidou, *Claude*, *op. cit.*

Guy Béart vient souvent passer quelques jours, toujours avec sa guitare, de quoi enchanter les soirées.

En 1973, la maladie du président empire. Face à la presse qui s'interroge sur son état de santé, son entourage prétend qu'il est sujet à de mauvaises grippes, voilà tout. Mais les Français ne sont plus vraiment dupes, surtout quand ils voient les images de leur président en voyage officiel en Islande, le 30 mai 1973, aux côtés du président des États-Unis, Richard Nixon. À Reykjavik, Pompidou a la démarche empesée et le visage gonflé par la cortisone. Il tente de dissimuler sous une grosse écharpe son goître boursouflé. Après l'avoir quitté, le dirigeant américain aurait confié à ses conseillers : « Celui-là n'en a plus pour longtemps. » Pompidou lui-même ne se sait-il pas condamné ? Avant les vacances d'été, les médecins le préviennent que son taux de plaquettes a encore diminué de façon préoccupante. Le président n'a pas le moral et demande à ce que son emploi du temps soit modifié : tous ses rendez-vous de la semaine du 16 juillet sont annulés, conseil des ministres compris. Ainsi, dès le 14, il s'installe avec Claude à Fouesnant, au manoir de *Kernaeret*. « Rien n'est simple pour moi qui suis tantôt un paquet qu'on promène bon gré mal gré, tantôt et le plus souvent un homme débordé. Dire que je regrette mon destin serait absurde, mais j'aimerais bien des entractes[25] », écrit-il à son ami Robert Pujol, la veille de son départ. Comme d'habitude, l'air breton et les menus à base

25. Georges Pompidou, *Lettres, notes et portraits, 1928-1974*, *op. cit.*

de crustacés et de poissons seront pour lui le meilleur des remèdes, durant ce dernier été.

Biche, oh ma biche !

Qu'il s'installe à Brégançon, Cajarc ou Fouesnant, Georges Pompidou observe toujours le même rituel au premier jour de ses vacances : il convie quelques journalistes, pour se prêter à une interview, à une séance photos, voire à un reportage filmé. « C'était une conversation à bâtons rompus, avec des questions anodines du genre : "Président, vous êtes content d'être en vacances[26] ?" », se souvient Alain Pompidou. Après s'être plié à ce point presse, le président referme les portes de son intimité. Il considère qu'il a rempli son devoir médiatique et qu'il n'a plus à être dérangé. Il ne tolère de nouveau les journalistes durant ses congés que si un événement majeur se produit. En juillet 1973 par exemple, alors qu'il réside dans le Finistère, il accorde un entretien au *Télégramme de Brest* et à *Ouest France*, pour parler de la réévaluation du franc.

Ces reportages auxquels il se soumet au début de ses congés marquent une véritable révolution de communication pour la présidence. Son prédécesseur, le général de Gaulle, n'avait jamais autorisé un quelconque objectif à Colombey-les-Deux-Églises, sauf une seule fois, pour *Paris Match* en 1954, mais il n'était pas alors au pouvoir. Pompidou,

26. Entretien avec l'auteur, *op. cit.*

lui, pose les bases de ce qui sera nommé beaucoup plus tard la « peoplisation » des politiques, devenue même « peopolitisation », mais le terme est un peu tiré par les cheveux.

Au mois d'août 1969, il accueille pour la première fois la presse à Brégançon. Les journalistes sont impatients de pénétrer dans ce nouveau haut lieu du pouvoir, qu'ils ont beaucoup fantasmé les semaines auparavant. Le président reçoit dans une tenue décontractée, col de chemise ouvert, sans cravate, bien loin de l'imper que De Gaulle portait été comme hiver. Il fume tout en répondant aux questions; l'ambiance est plus que détendue. Un apéritif est même organisé sur la terrasse, sous les parasols, pour clore l'entretien. L'année suivante, en août 1970, les caméras de l'ORTF sont également présentes, pour un sujet qui sera diffusé le soir même au journal télévisé. Une opération de communication, qui n'avait pas été aussi étudiée qu'elle le serait aujourd'hui – il n'y avait pas alors des dizaines de *spin doctors* autour du chef de l'État –, mais qui avait pour seul but d'assouvir un peu la curiosité des Français. Ils constatent alors que leur président fait, à peu près, la même chose qu'eux en vacances : il se baigne, lit et prend du bon temps. Claude Pompidou est aux côtés de son époux pour ce reportage. Quand on lui tend le micro, elle se permet quelques babillages, mais rien de très croustillant. « Est-ce que vous assistez à des concerts aux alentours ? » lui demande un journaliste. « Ah non, non, on n'est pas sortis », répond la Première dame. « Est-ce que vous avez commencé la lecture du livre sur l'histoire de Brégançon ? » renchérit un autre. « Oui, j'ai commencé, mais je trouve qu'il ne s'est pas passé assez de choses », s'amuse Claude Pompidou.

À Cajarc, les Pompidou vont même jusqu'à se laisser filmer avec leur petit-fils, Thomas, tout juste né. Là encore, les caméras sont autorisées à donner un aperçu de leur quotidien. L'on voit le couple présidentiel panser les agneaux ou se promener autour des mines de phosphate. Claude tient Georges par la manche de peur qu'il ne tombe dans le vide, en s'approchant trop du bord escarpé. « Attention, il n'y a rien qui me donne plus le vertige ! » le réprimande-t-elle. « Mais je veux voir le fond », répond le président. « Tu le verras sans moi ! » « Oh écoute, après on dit que c'est moi qui suis autoritaire », lance-t-il, le sourire aux lèvres, tout en s'éloignant pour faire plaisir à son épouse. La scène paraît tellement naturelle, qu'ils semblent avoir oublié la présence de l'équipe de tournage. Au contraire de Charles et Yvonne de Gaulle, très distants, les Pompidou incarnent un couple moderne et aimant. Rien n'est plus important pour le président que le bonheur de sa femme, et il ne s'en cache pas. Il lui arrive même de l'appeler « Biche » – sobriquet qu'il lui a attribué en référence à un conte du XVIIe siècle écrit par Mme d'Aulnoy –, devant des journalistes, peu habitués à une telle familiarité.

La première fois, c'était d'ailleurs à l'Élysée, peu de temps après son investiture. Le nouveau chef de l'État avait tenu à faire venir les caméras de télévision. Claude Pompidou est là, un peu stressée par ce nouvel exercice. Georges lui propose donc une cigarette et du feu, mais cette dernière, perdue dans ses pensées, ne répond pas. « Dis, Biche ! » l'interpelle-t-il donc. La séquence n'est pas coupée au montage, mais sur la bobine, on croit l'entendre prononcer « Bibiche ».

Le lendemain, le journal *Minute* reprend le surnom dans ses pages. Il restera à jamais associé à la Première dame.

En se laissant filmer ainsi, les Pompidou répondaient aux nouvelles aspirations du monde contemporain, où vie publique et vie privée étaient amenées à être moins cloisonnées. Une tendance venue d'outre-Atlantique, où John Fitzgerald Kennedy avait amorcé cette nouvelle forme de communication politique, en se mettant régulièrement en scène avec son épouse, Jackie. Le 14 février 1962, la First Lady avait ainsi fait visiter pour la première fois la *Maison Blanche* à des millions d'Américains scotchés devant leur poste de télévision. En congés, dans le Massachusetts ou sur la côte amalfitaine, les Kennedy se prêtaient également aux flashs crépitants. De quoi inspirer Georges Pompidou, et à sa suite Valéry Giscard d'Estaing, qui va accélérer la médiatisation des vacances présidentielles.

Valéry Giscard d'Estaing

Le bronzage était presque parfait

« De ce jour, date une ère nouvelle de la politique française. [...] Ainsi, c'est moi qui conduirai le changement. » Ces mots résonnent entre les murs rouge et or de la salle des fêtes de l'Élysée, ce 27 mai 1974. Valéry Giscard d'Estaing est investi troisième président de la Cinquième République, à seulement 48 ans. Malgré son allure d'aristo coincé, il n'en reste pas moins un jeunot, et entend bien le prouver, en premier lieu dans la communication élyséenne qu'il va considérablement dépoussiérer. De son septennat, on retient ainsi ses dîners à la « fortune du pot », chez M. et Mme Tout-le-Monde. Le président répondait à l'invitation de « Français moyens », et se retrouvait ainsi attablé chez un sapeur-pompier, un professeur ou encore un agriculteur, autour d'un plat de petit-salé et de quelques sujets de société. Il y eut aussi le très médiatisé petit déjeuner avec les éboueurs de la capitale, le matin du 24 décembre 1974 : il en avait convié une dizaine, ceux qui ramassaient les poubelles avenue de Marigny, côté ouest de l'Élysée, à venir prendre café et croissants dans son bureau. Bien évidemment, l'opération, faussement improvisée, avait été savamment préparée. C'est ainsi que le tout jeune président voulait désormais gérer son image. Il l'avait d'ailleurs prouvé dès son premier été, en août 1974.

Au volant de sa DS 21 – qu'il insiste pour conduire lui-même –, Valéry Giscard d'Estaing roule à vive allure sur l'autoroute des vacances. Il rejoint, à Saint-Jean-Cap-Ferrat, son épouse et ses quatre enfants. Très attaché à sa vie familiale, il veut la préserver, même s'il est désormais le personnage le plus important du pays. « Pour la première fois, un président était élu avec des enfants en âge scolaire, qui vivent encore à la maison. J'avais 15 ans, Henri 17, Valérie-Anne 20 ans, et Jacinthe 14. Nous avions décidé de garder notre mode de vie d'avant. Donc par exemple, de ne pas habiter à l'Élysée. C'est un endroit officiel, donc ce n'est pas l'idéal pour que s'épanouissent des adolescents[1] », explique Louis Giscard d'Estaing, troisième de la fratrie. « Avant 1974, nous avions une tradition chaque été. Mon père passait nous prendre en Auvergne chez nos grands-parents, où nous avions débuté les vacances, puis après, on prenait à chaque fois une direction différente : une année Hossegor, une autre le Midi, ou encore la Dordogne. Je me souviens, par exemple, d'une visite de la grotte de Lascaux, la vraie, pas le fac-similé. Mon père avait acheté une voiture, une DS break, qui permettait que nous soyons six dedans. Car à l'époque, les Espace n'existaient pas, alors là, il y avait

1. Entretien avec l'auteur, 14 novembre 2020.

un petit strapontin dans le coffre. On allait partout avec, même jusqu'à Venise… »

Pour son premier été de président, Valéry Giscard d'Estaing a donc choisi de ne pas s'installer au fort de Brégançon, contrairement à son prédécesseur, mais de faire perdurer la coutume de congés familiaux dans un cadre privé. À Saint-Jean-Cap-Ferrat, il séjourne dans une villa que lui a prêtée une amie, Patricia Galvin, épouse du prince Henri de la Tour d'Auvergne-Lauraguais, et fille d'un riche industriel irlandais à qui appartient cette propriété. Répondant au doux nom de *Primavera* (« Printemps » en italien), cette somptueuse demeure s'étend sur un parc de trois hectares, avec piscine et terrain de tennis. Elle dispose également d'un accès direct aux eaux turquoise de la Méditerranée, auxquelles mène un petit chemin débouchant sur une crique confidentielle. Construite à la fin du XIXe siècle sur une pointe rocheuse battue par les flots, elle a accueilli des figures de la Café Society. Léopold II, roi des Belges, y a même dormi. Saint-Jean-Cap-Ferrat est en effet le repaire des grands de ce monde. Winston Churchill, Romy Schneider, Charlie Chaplin ou encore Jean Cocteau y ont tous eu leurs habitudes. En 1974, il y règne d'ailleurs un sulfureux parfum de jet set, qui ne semble pas déplaire à Valéry Giscard d'Estaing, quoique le chef de l'État sorte peu pour profiter des attraits de cette station balnéaire grand luxe. « Le président est très fatigué, il s'excuse de ne pouvoir vous recevoir aujourd'hui. Si les circonstances le permettent, il essaiera de vous rencontrer avant son départ », déclare le prince de la Tour d'Auvergne aux journalistes qui attendent devant les grilles de la villa.

Les premiers mois de son mandat ont en effet été chargés, et Giscard doit encore travailler durant ses congés.

Avant de rejoindre Saint-Jean-Cap-Ferrat, il a d'ailleurs fait un détour surprise par deux prisons lyonnaises, alors en proie à des mutineries, comme bon nombre d'établissements carcéraux cette année-là. La situation dans les pénitenciers est en effet l'un des dossiers préoccupants de ce début de mandat. Le pays connaît alors une forte augmentation de sa population carcérale, qui s'entasse dans des bâtiments inadaptés et insalubres. Les tensions dans les prisons aboutissent à des révoltes de la part de détenus, qui refusent de retourner dans leurs cellules, détruisent le matériel, ou s'attaquent physiquement aux gardiens. Le seul été 1974, quatre-vingt-neuf mouvements d'insurrection sont dénombrés par la nouvelle secrétaire d'État chargée de la condition pénitentiaire, Hélène Dorlhac, poste qu'a créé en urgence le gouvernement de Jacques Chirac. Le nouveau président envoie donc un signal fort en faisant une halte à Lyon, le 10 août, pour serrer la main de quelques dizaines de prisonniers. « Je n'aimerais pas être à votre place », lui dit l'un d'eux, certainement avec ironie. La séquence, inédite pour un président de la République, est diversement appréciée dans l'opinion. Giscard sera d'ailleurs obligé de préciser qu'il s'agissait de « prévenus », et non de « condamnés ». Là encore, ce jeune premier innove.

Quelques jours plus tard, nouvelle surprise médiatique : le président laisse enfin les journalistes entrer dans l'intimité de la villa *Primavera*. Il recale tout de même trois d'entre eux, dont Jacques Munch, accrédité par *France Soir*. Le quotidien avait déjà publié une photo volée du président en maillot de bain, ce que le principal intéressé n'avait aucunement apprécié. « Je pense qu'il est inutile que Jacques Munch se dérange. *France Soir* a déjà publié une photo de moi sur la plage. Il m'étonnerait qu'une autre passe », plaisante Giscard, un brin rancunier. Ceux qui ont été acceptés peuvent en tout cas se régaler : le président se met en scène, torse nu, bronzé, sur des skis nautiques ou faisant quelques brasses. Avec sa silhouette athlétique qu'il affiche sans pudeur, il veut prouver toute sa vigueur. La santé du président est en effet devenue un véritable sujet de préoccupation, depuis que Georges Pompidou a si longtemps caché sa maladie.

Le fringant Giscard se fantasme en Kennedy à la française. Ses vacances seront toujours l'occasion de faire la couverture de *Paris Match* ou l'ouverture du journal télévisé. En 1976, les caméras d'*Antenne 2* sont d'ailleurs conviées pour son arrivée dans le Var, au fort de Brégançon. Il conduit encore une fois son auto lui-même, Anne-Aymone à ses côtés, comme le citoyen lambda qu'il veut représenter. Ébloui par les flashes des photographes, le président est à l'aise. Il jouit sans s'en cacher de sa popularité nouvelle. Quand, chaque dimanche, il se rend à la messe de Bormes-les-Mimosas, il prend le temps de saluer la foule et de signer des autographes. « Les gendarmes locaux nous frayaient une piste ondoyante vers la voiture dont je gardais ensuite la fenêtre ouverte, pour ne pas insérer un écran de glace entre les visages bienveillants et curieux, et le personnage que j'étais devenu pour eux, rendu mystérieux et comme inaccessible par sa fonction[2] », écrit-il

2. Valéry Giscard d'Estaing, *Le Pouvoir et la Vie*, Compagnie, 1991.

dans ses *Mémoires*. Il ne chasse pas non plus les médias, bien au contraire, quand il s'octroie son premier bain de mer de la saison. Les Français ne se lassent visiblement pas de voir barboter leur président.

Alerte à Brégançon

Trempée comme une soupe, Anne-Aymone Giscard d'Estaing tente péniblement de remonter sur le bateau. Elle est saine et sauve, bien heureusement, mais sa coiffure, toujours si impeccable qu'elle en est devenue iconique, est complètement défaite. Si elle avait su qu'un tel accident arriverait, elle aurait certainement porté un bonnet de bain ! En début d'après-midi, la Première dame et les enfants avaient voulu faire une excursion en voilier. Henri et Jacinthe avaient pris place à bord d'un bateau baptisé *Le Ponant*, Anne-Aymone et Valérie-Anne étaient quant à elles sur le *420*. La mer n'était pas des plus calmes ce jour-là, et chacun essayait de naviguer tant bien que mal. Chez les Giscard d'Estaing, on est sportif certes, mais pas particulièrement bon marin ! Vers 16 h 30, l'incident s'était produit, au large du fort de Brégançon : « Par suite d'une fausse manœuvre, le *420* s'est retourné à 500 mètres de la côte, face au port[3]. » Par chance, la famille présidentielle est constamment bien entourée, et un zodiac de la gendarmerie s'empresse d'aller secourir la Première dame, en train de boire la tasse. Mais avant que les sauveteurs n'atteignent le voilier,

3. *Le Monde*, 8 juin 1976.

Valérie-Anne, véritable force de la nature, l'a déjà remis à flot. La mésaventure, qui par bonheur s'est bien terminée, s'est en tout cas inscrite dans l'album-souvenirs de la famille Giscard d'Estaing à Brégançon.

Durant son septennat, le président séjourne à plusieurs reprises dans cette résidence, comme Georges Pompidou avant lui. Il y vient quelques jours en hiver, de longs week-ends au printemps, puis une à deux semaines l'été. Valéry Giscard d'Estaing aime particulièrement cette maison emplie d'histoires et d'Histoire, héritage du général de Gaulle dont il avait été le ministre des Finances. « Si vous étiez président de la République, vous goûteriez ici un bonheur presque parfait », écrit-il dans ses mémoires. Pourtant, après son élection, le président ne s'est pas précipité à Brégançon : il s'y établit pour la première fois en janvier 1976, puis y retourne dès le mois d'août suivant. « Mes parents appréciaient Brégançon car cela leur permettait de faire un séjour dans le Midi, dans un lieu exceptionnel, avec une vue exceptionnelle. Mais surtout, même s'il n'est pas complètement à l'abri des regards extérieurs, le fort est quand même plus facile à protéger que bien d'autres endroits[4] », explique Louis Giscard d'Estaing.

Quand la vie parisienne devient trop agitée, le président et son épouse se réfugient donc dans cet Élysée bis avec vue sur la Méditerranée. Ainsi le décrit Valéry Giscard d'Estaing, toujours exalté : « J'ai le sentiment de bénéficier

4. Entretien avec l'auteur, *op. cit.*

d'un privilège excessif. Rien ne gâte cette volupté. Des deux côtés, la côte s'étire au loin, cendrée par la brume. Les seuls bruits, les seuls cris, sont ceux des enfants en vacances qui se baignent et sautillent sur la plage de Brégançon. Un cliquetis de sons, de rires aigus, épars dans le ciel, que le vent apporte et enlève comme des cerfs-volants[5]. » Il s'enthousiasme tout autant devant le panorama que lui offre la terrasse du fort « accrochée au ciel, juste à l'endroit où se trouve le paradis ». N'ayons pas peur des mots! Pourtant, malgré cette ode à Brégançon, le président lui trouve quelques défauts, à commencer par un manque de luminosité. Le fort n'a en effet que des ouvertures de la taille de meurtrières. Pour y apporter une petite touche personnelle, la Première dame redécore quelque peu l'intérieur. Si les Pompidou y avaient insufflé un vent de modernité, avec des meubles contemporains, Anne-Aymone Giscard d'Estaing, plus traditionnelle, revient à un style classique, « un genre Louis XV néo-provençal[6] ». Son mobilier rose et vert est certes d'un goût discutable, mais il est malgré tout resté inchangé depuis… « Elle avait fait des aménagements peu coûteux. Elle avait surtout acheté des rideaux, et recouvert des meubles avec des tissus », ajoute Louis Giscard d'Estaing. Le président, quant à lui, fait construire un dôme dans la salle à manger.

Valéry Giscard d'Estaing apporte surtout sa pierre à l'édifice qu'est Brégançon en y faisant aménager une petite plage privée. Celle déjà existante lui déplaît. Il faut dire

5. Valéry Giscard d'Estaing, *Le Pouvoir et la Vie*, Tome 3, « Choisir », Compagnie, 2006.

6. Guillaume Daret, *Le Fort de Brégançon*, *op. cit.*

qu'elle est exposée à tous les regards, presque mitoyenne d'un camping, et continuellement recouverte de déchets déversés sur le rivage par un capricieux courant. « Tous les matins, il fallait la nettoyer avant que le président descende[7]. » Alors, celui-ci fait creuser un second emplacement pour la baignade, entre les rochers à l'arrière du fort. Un endroit caché et secret. « C'était plus une sorte de débarcadère, une plage en béton[8]. Il fallait être en bonne forme pour y aller car il n'y avait pas moins de 145 marches. Autant vous dire qu'il valait mieux ne pas oublier son tube de crème solaire, autrement il fallait tout remonter », plaisante Louis Giscard d'Estaing. Le chef de l'État et son épouse nagent tous les jours, uniquement dans la Méditerranée, car « la caractéristique du fort, c'est qu'il n'y avait pas de piscine. C'était même un sujet sensible, par rapport au caractère patrimonial de Brégançon ». Ce petit problème sera réglé quelques décennies plus tard, sous Emmanuel Macron.

« Tous les après-midi, à l'heure où la chaleur commence à tomber, je vais faire une partie de tennis avec le propriétaire voisin du domaine viticole de Brégançon[9]. » Pittoresque lieu de villégiature certes, le fort manque cruellement d'équipements sportifs, notamment d'un court où le président pourrait taper dans quelques balles. Dès son premier séjour dans le Var, il s'enquiert donc de trouver des terrains chez des propriétaires alentour. Les Tézenas, proches voisins, possèdent le château

---

7. *Ibid.*

8. Entretien avec l'auteur, *op. cit.*

9. Valéry Giscard d'Estaing, *Le Pouvoir et la Vie*, *op. cit.*

de Brégançon, ses cinquante-deux hectares de vignes et ses quatre-cents hectares de forêt, depuis sept générations. Leur propriété, située à quatre kilomètres du fort, au bout de la baie, est donc assez vaste pour accueillir un court de tennis. Après un coup de téléphone personnel de Valéry Giscard d'Estaing, qui n'a d'ailleurs pas manqué de les surprendre, ils voient ce dernier débarquer chez eux, en short, sa raquette sous le bras. Les Tézenas sont honorés de recevoir ainsi le président de la République, qui leur propose régulièrement de jouer avec lui, bien qu'il soit le plus souvent accompagné de son professeur de tennis. Un jour, Jean-François Tézenas frappe si fort dans la balle qu'il l'envoie dans le nez du chef de l'État : « Je lui ai cassé ses lunettes, mais il ne m'en a pas voulu. Il est revenu dès le lendemain[10]. »

Voilà d'ailleurs le problème : ce qui n'était au départ qu'une demande occasionnelle devient rapidement un rendez-vous régulier. Valéry Giscard d'Estaing ne prévient même plus avant de s'inviter chez les Tézenas, qui commencent à trouver cet hôte d'exception un peu trop envahissant. À tel point qu'un 15 août, alors qu'ils doivent s'absenter pour une fête de famille, ils l'avertissent poliment qu'il ne pourra pas venir jouer ce jour-là. « Il n'a pas aimé du tout, nous demandant de quel droit on pouvait le priver de tennis. Je lui ai dit qu'il n'y aurait personne ici et que dans ce cas-là je ne laisse pas entrer n'importe qui dans la maison[11] », ont-ils raconté au journaliste Guillaume Daret.

---

10. Guillaume Daret, *Le Fort de Brégançon*, *op. cit.*

11. *Ibid.*

« Je ne suis pas n'importe qui ! » aurait alors répondu Valéry Giscard d'Estaing. Confidences pour confidences, les Tézenas assurent par ailleurs que, contrairement à ce qu'il laissait entendre, le président n'était pas un très bon joueur : « Au début, on le laissait gagner, on ne voulait pas d'incident diplomatique. Mais un jour, je me suis rebellé et je l'ai battu à plates coutures ! Il a fait savoir qu'il ne voulait plus jouer contre moi en simple ! » se souvient l'un des enfants de la famille, qui avait 18 ans à l'époque. Malgré ces quelques petits couacs, VGE invitera à plusieurs reprises les Tézenas à dîner au fort de Brégançon, et même une fois à l'Élysée. Grand prince.

La vie de château

« Brégançon n'était que la partie officielle des vacances, une toute petite partie. La plupart des congés se déroulaient dans des endroits privés », explique Louis Giscard d'Estaing. Après une dizaine de jours dans le Var, sous l'œil curieux des vacanciers et des journalistes, le président part en effet se réfugier dans un tout autre lieu, caché derrière de hauts murs d'enceinte, où personne n'a le droit de pénétrer : le château de l'Étoile, à Authon, petite commune de huit cents âmes du Loir-et-Cher. Ce domaine appartient depuis plus de cent ans à la dynastie Sauvage de Brantes, dont est issue Anne-Aymone Giscard d'Estaing, fille d'un comte romain et d'une comtesse. « À cet emplacement, il y avait une ancienne abbaye du XIIe siècle, dont il reste encore quelques vestiges. Au début du XIXe siècle, un aïeul y a fait construire un château en briques et en pierres. Maman l'a racheté, au décès d'une tante, en 1967[12] », se souvient Louis Giscard d'Estaing. Le domaine de l'Étoile devient alors l'épicentre des retrouvailles familiales, pour les fêtes de fin d'année et pour l'été. Valéry Giscard d'Estaing y passe habituellement la fin du mois d'août, avant la rentrée du gouvernement.

À Authon, il peut plus facilement oublier le poids de la fonction. Il n'y accueille d'ailleurs jamais la presse, excepté une fois, en avril 1979, pour le mariage de sa fille Jacinthe avec Philippe Jean-Marie Guibout. Des photographes de *Paris Match* avaient été autorisés à entrer dans la propriété où se déroulaient les festivités. « L'Étoile avait vocation à rester la plus privée possible », confirme Louis Giscard d'Estaing. Les journées d'été y sont douces. Contrairement à Brégançon, le président peut profiter d'une piscine, creusée en 1973, à une époque où ce genre d'installations est encore loin d'être démocratisé. Puis, tandis qu'Anne-Aymone lit ou jardine, VGE chasse, assurément sa plus grande passion. Il profite de la fin août, avant l'ouverture de la saison automnale, pour faire du tir sélectif, qui ne cible que certains animaux, le plus souvent des brocards.

Dans le Loir-et-Cher, le président retrouve donc ce train de vie aristocratique, qu'il chérit tant, mais qu'il tente pourtant de faire oublier durant son septennat. Devant les Français, il veut afficher une certaine simplicité, une accessibilité, qui n'est pourtant pas sa véritable nature. Valéry Giscard d'Estaing vient d'un milieu où la particule avait son importance. Il a

12. Entretien avec l'auteur, *op.cit.*

même grandi dans l'« obsession nobiliaire[13] », comme la qualifie son biographe Georges Valance. Enfant, il passait déjà ses étés dans un château, celui de Varvasse, à Chanonat, dans le Puy-de-Dôme, que ses parents avaient acquis en 1936. Cette immense bâtisse, construite au XVe siècle, s'étend sur mille mètres carrés habitables et quatorze hectares, et toise de ses hautes tours le village avoisinant. Entre promenades dans les bois, lectures de Maupassant, son auteur favori, et parties de chasse, le futur chef de l'État a baigné ici dans des valeurs surannées. Il restera attaché à ce lieu, où il reviendra régulièrement, même durant son mandat. Après avoir quitté l'Élysée, il sera d'ailleurs élu député du Puy-de-Dôme, et maire de Chamalières, proche de Chanonat. C'est là, dans cette région dont il ne cessera de vanter les beautés volcaniques, qu'il chassera ses plus beaux cerfs.

Giscard l'Africain

Le soleil n'est pas encore levé, mais Valéry Giscard d'Estaing est déjà prêt. Rangers aux pieds, jumelles autour du cou et fusil à la main, il est bien décidé à débusquer un éland de Derby. Cette antilope géante – la plus grande d'Afrique – est puissante comme un cheval, avec des cornes immenses, torsadées et pointues, qui lui confèrent une allure d'animal mythologique. Chimérique, elle l'est certainement pour les chasseurs qui rêvent de l'ajouter à leur tableau. L'éland de Derby est en effet difficile à atteindre. Il ne se

13. Georges Valance, *VGE, une vie*, Flammarion, 2011.

nourrit que la nuit, de feuilles et de fruits. Dès l'aube, il faut donc chercher sa trace, près de buissons, puis le suivre, avec des pisteurs, jusqu'à ce que, épuisé, il ralentisse sa cadence. « S'il évente votre odeur, il s'enfuit au trot et on ne réussit presque jamais à le rattraper, car il avance trois fois plus vite que vous ! J'en ai aperçu beaucoup, suivi quelques-uns, mais je n'en ai tiré aucun en République centrafricaine[14] », précise Valéry Giscard d'Estaing. Le président a tout de même réussi une fois à en abattre un, au Tchad, avec François Sommer, un ancien résistant et fondateur de l'Association nationale des chasseurs de grand gibier. Il a donc pu ajouter cette tête majestueuse, avec son pelage fauve rayé de blanc, à sa collection de trophées. On raconte que dans son hôtel particulier du 16e arrondissement parisien, rue Bénouville, sont exposées, dans un large corridor, deux gigantesques défenses d'éléphant, qui pèseraient cinquante kilos chacune, selon leur propriétaire, toujours fier de les présenter à ses visiteurs. Ce pachyderme, Valéry Giscard d'Estaing l'a justement tué en Centrafrique, où il vient régulièrement pour des parties de chasse, sur lesquelles il préfère ne pas trop s'épancher. « Je ne ferai pas ici le récit de ces chasses, qui n'éclairent pas le rapport entre le pouvoir et la vie ! Mais un jour, un peu plus tard, je publierai un livre illustré par les photos que j'en ai rapportées, pour raconter, depuis l'origine, mes expéditions et les rencontres que j'ai faites avec la nature et les animaux, dans cet immense continent que j'aimais contempler, maternel et immuable, exactement semblable à ce qu'il était avant l'apparition de l'homme », promet-il, toujours lyrique,

14. Valéry Giscard d'Estaing, *Le Pouvoir et la Vie*, Tomes 1 et 2, Le Livre de Poche.

dans ses mémoires. Ce livre, il ne l'écrira pourtant jamais. Ses souvenirs de safari seront simplement dispersés dans un roman, *Loin du bruit du monde*, paru en 2020.

La savane est donc le jardin secret de Giscard, celui qu'il ne voudra jamais partager avec les Français. « J'aime l'Afrique. Les Africains, je crois, le savent », proclame-t-il au début d'un chapitre de son autobiographie, qu'il consacre à ses nombreux déplacements, privés ou officiels, sur ce continent. Cette passion était née peu de temps avant son élection. En 1969, il avait fait sa première expédition au Mozambique, avec Henri de la Tour d'Auvergne, un cousin d'Anne-Aymone : « Je me souviens encore de l'impression que m'avait faite la rencontre des antilopes – c'était des waterbucks – au poil bourru, dont j'apercevais pour la première fois de ma vie les yeux brillants, puis la silhouette, dans le pinceau des phares, en liberté tout près de nous, le long de la piste en sable fin que nous suivions pour rejoindre notre camp. »

À partir de 1970, Giscard devient un fidèle client d'une concession de chasse, tenue par un Français, Marc Péchenart, aux confins de la République centrafricaine, coincé entre le Soudan et le Zaïre (ancien nom de la République démocratique du Congo). Ici, pas d'électricité ou d'eau courante. Il ne faut donc pas s'attarder sous la douche, et ne pas être trop tatillon sur la propreté des lieux. Les Giscard d'Estaing, pourtant habitués au confort de leur château d'Authon, se plaisent dans la frugalité de ce bivouac en pleine nature. Certainement parce qu'il est planté au milieu d'un véritable paradis perdu. « C'était un endroit exceptionnel. Un territoire où il y avait de la chasse et de la pêche, avec juste des bungalows en bambous[15] », se remémore Louis Giscard d'Estaing, qui y a accompagné son père, notamment durant les vacances de Pâques 1973. Le président y retourne à deux reprises durant son mandat : en août 1976 et en août 1978. Il prolongeait ainsi des déplacements officiels, l'un au Gabon, l'autre au Zaïre, par une semaine de safari, durant laquelle il oubliait complètement le vacarme de Paris.

Durant cinq jours, parfois sept, Valéry Giscard d'Estaing disparaît totalement dans la savane. Il est introuvable et injoignable, même pour ses plus proches conseillers. « Pour connaître le vrai repos, celui des nerfs, je ne veux avoir aucun contact avec les événements extérieurs : il n'y a pas de radio dans le camp. Nous sommes coupés du monde et de son agitation[16] », explique-t-il. Seul un agent de sécurité, un certain Jacques Gence, « intelligent et sûr », installé dans un village à une vingtaine de kilomètres du bivouac, peut le contacter. « Il a reçu des consignes précises : il ne devra nous rejoindre qu'au cas où des nouvelles importantes justifieraient mon retour. Il ne l'a jamais fait. »

Même les médias, pourtant curieux d'en savoir plus, perdent la trace du président à chacune de ses escapades subsahariennes. « Valéry Giscard d'Estaing n'a pas donné de précisions réelles sur ses vacances. Si safari il y a, il aura lieu dans les forêts africaines, loin des regards indiscrets », annonce

15. Entretien avec l'auteur, *op. cit.*

16. Valéry Giscard d'Estaing, *Le Pouvoir et la Vie*, *op. cit.*

Patrick Poivre d'Arvor, en ouverture du journal d'Antenne 2, le 7 août 1976. Sur les pistes de ski à Courchevel, ou à la plage dans le Var, le chef de l'État se plie aisément au jeu de la presse, mais en Afrique, il préfère ne pas s'exposer. Des images de lui tuant un lion ou un éléphant auraient été trop préjudiciables à sa réputation. D'ailleurs, jamais les Français n'ont compris ce plaisir coupable de leur président, d'autant que ce loisir avait la réputation d'être onéreux. Les chasses organisées coûtent généralement très cher, encore plus quand on s'attaque aux grands mammifères, dont chaque spécimen tué peut valoir plusieurs milliers de francs.

Valéry Giscard d'Estaing veut pourtant faire taire tous les fantasmes : « L'imagination et la rumeur se sont donné libre cours pour prêter à ces expéditions un caractère de luxe, ou de débauche ! La réalité était plus modeste, et singulièrement plus attirante. » Une fois président, Valéry Giscard d'Estaing part en Afrique, sans femme ni enfant. « Nous vivions sous des tentes, à quatre : Marc Péchenart, qui me recevait ; mon guide de chasse et ami, Maurice Patry ; son épouse, Anne-Marie ; et moi-même. » L'aventure débute toujours par un atterrissage turbulent au milieu de la brousse. Il ne faut pas avoir peur de l'avion pour voyager dans ce genre de tacot à hélice. Les journées ne sont pas de tout repos non plus : elles commencent avant le lever du jour, vers quatre heures du matin, pour se terminer à la nuit tombée. « Anne-Marie surveillait l'intendance, et c'est elle qui nous accueillait, pour un dîner fait de conserves et de poissons africains, quand nous revenions tard dans la soirée [...] Elle passait la journée seule avec ceux des Africains qui entretenaient les feux, et l'aidaient pour la cuisine. » Quelques autres autochtones conduisent le président dans la savane. Eux seuls connaissent ce vaste territoire comme leur poche, et ne s'y perdent jamais. Valéry Giscard d'Estaing se dit fasciné par les Zandés, cette ethnie qui peuple la région. « Intensément noirs, conservant les croyances et les rites anciens, redoutant la sorcellerie et connaissant à la perfection les plantes médicinales, ils vivent dans un dénuement presque complet », ainsi les décrit-il. Il raconte qu'un missionnaire hollandais, le père Van Horn, s'est installé dans cette tribu, pour leur apporter un soutien « fait d'un peu de spiritualité et de beaucoup de médicaments ». Le 15 août 1978, jour de l'Assomption, le président lui offre une cloche pour couronner la petite chapelle de fortune « construite de ses mains, avec l'aide de ses fidèles ». Le chef de l'État est très apprécié par les locaux, comme il veut le prouver avec cette anecdote qu'il rapporte dans ses mémoires. Un soir, Anne-Marie Patry demande à quelques aborigènes pour qui ils voteraient, entre Giscard et Bokassa, pour diriger la République centrafricaine. « Évidemment pour le président Giscard. C'est le père ! C'est lui qui donne de l'aide à la Centrafrique[17] », lui avaient-ils tous répondu, à l'unanimité. « Giscard l'Africain », comme le surnommait parfois la presse hexagonale, c'était donc une réalité.

S'il détaille son mode de vie, qu'il considère très sobre, lors de ses séjours centrafricains, le chef de l'État ne dit rien sur ce qu'il a pu y tuer. « On y pêchait de beaux poissons, des

17. Valéry Giscard d'Estaing, *Le Pouvoir et la Vie*, *op. cit.*

barracudas énormes[18] », répond de son côté, pudiquement, son fils, Louis Giscard d'Estaing. Personne n'en saura plus.

La « crise gouvernementale balnéaire »

Jacques Chirac ajuste une dernière fois le nœud de sa cravate avant d'entrer. Tous les ministres l'attendent déjà, assis autour de la grande table du salon Murat, dans le palais de l'Élysée. Ce 25 août 1976 est jour de rentrée pour le gouvernement, mais, au vu des conversations, tout le monde semble avoir encore la tête en vacances. Sauf peut-être Jacques Chirac qui n'est pas d'humeur à faire le récit de son été. Crispé, il interrompt d'ailleurs cette joyeuse assemblée pour confirmer les rumeurs qui courent depuis plusieurs semaines : « Le président de la République nous rejoindra dans quelques instants pour présider ce dernier conseil. Vous êtes peut-être étonnés que j'abandonne de moi-même le poste éminent de Premier ministre. Je vous dois des explications. Il y a vingt-quatre mois, contre l'avis de la plupart de mes amis, j'ai soutenu Valéry Giscard d'Estaing parce qu'il était seul capable de nous éviter la victoire du Parti communiste. Pendant vingt-quatre mois, je l'ai servi fidèlement et loyalement. Ces derniers temps, j'ai demandé à plusieurs reprises les moyens nécessaires pour affronter une situation que je jugeais difficile. Certains d'entre vous ont compliqué ma tâche. En affaiblissant par leurs déclarations la cohésion

18. Entretien avec l'auteur, *op. cit.*

gouvernementale, ils ont affaibli la majorité[19]. » Sa harangue n'est pas terminée que la porte s'ouvre à nouveau. Valéry Giscard d'Estaing entre, tout sourire et particulièrement bronzé, « desséché par douze jours d'Afrique[20] ». Il fait le tour de la table, serre la main de tous les ministres, mais ignore ostensiblement le premier d'entre eux. Il entame alors cette réunion hebdomadaire comme si de rien n'était : il distribue la parole, d'abord au ministre des Affaires étrangères, puis au secrétaire d'État aux Transports. Il met à l'ordre du jour l'éruption du volcan de la Soufrière, qui inquiète les Guadeloupéens. Enfin, il prend le temps de raconter son voyage au Gabon, puis ses quelques jours de repos à Brégançon. Il s'apprête à se relever, quand il se reprend : « Monsieur le Premier ministre, je crois que vous avez quelque chose à dire ? » « Oui, j'ai l'honneur de vous présenter ma démission du gouvernement. » « Quand quelqu'un veut partir, il ne faut pas le retenir », conclut Giscard, sans même lui prêter un dernier regard.

Que Jacques Chirac démissionne, cela ne pouvait étonner personne. Encore moins le président, qui avait pourtant tout fait pour retarder le départ de son Premier ministre. Le 19 juillet déjà, ce dernier avait fait comprendre ses intentions : « Je vous ai dit à plusieurs reprises, Monsieur le Président, que j'avais le sentiment de ne plus être utile dans ma fonction. Le gouvernement n'est pas suffisamment cohérent. Il y a, vous le savez, des ministres qui ne jouent

19. Cité par Françoise Giroud, *La Comédie du Pouvoir,* Fayard, 1977.

20. Valéry Giscard d'Estaing, *Le Pouvoir et la Vie*, *op. cit.*

pas le jeu. Vous m'avez donné la mission, en mars dernier, de rassembler la majorité. Je ne peux pas y parvenir, en raison des manœuvres, ou des refus. Dans ces conditions, je ne crois pas que je vous serve. Au contraire[21] ! » Le message avait le mérite d'être clair, pourtant, Valéry Giscard d'Estaing avait feint de ne pas l'avoir entendu. Même refrain le 26 juillet, à quelques jours seulement des vacances : Jacques Chirac arrive à l'Élysée déterminé à quitter définitivement ses fonctions. Giscard trouve cette décision trop précipitée, mais il conçoit qu'il ne pourra plus le faire changer d'avis. « La France est en vacances, lui dit-il, nous ne devons pas lui offrir le spectacle de ce que les Italiens appellent une "crise gouvernementale balnéaire". Vous viendrez donc me remettre votre démission la veille du prochain conseil des ministres. Il est prévu pour le 25 août. » Croyait-il alors qu'un peu de repos sous le soleil des îles, là où Chirac s'envolait le lendemain, allait le faire revenir sur sa résolution ?

La « crise gouvernementale balnéaire », comme la redoutait Giscard, a pourtant bien eu lieu. Et c'est un article publié par le magazine *Le Point*, le 9 août, qui a mis le feu aux poudres. En plus de dévoiler les dissensions entre le chef de l'État et le chef du gouvernement, y était relatée une mésaventure, qui a aujourd'hui toute sa place dans la mythologie de la Cinquième République. Celle-ci s'est déroulée quelques semaines plus tôt, lors du week-end de la Pentecôte, au fort de Brégançon. Le président y convie, pour ces quelques jours fériés, Jacques Chirac et son épouse. « Cette visite était une

21. Cité par Valéry Giscard d'Estaing, *Le Pouvoir et la Vie*, *op. cit.*

idée d'Anne-Aymone. Il y a plusieurs semaines, elle m'avait fait un reproche : "Nous n'avons jamais reçu les Chirac, en dehors des réceptions officielles. Ce n'est pas normal. Il y a maintenant deux ans qu'il est votre Premier ministre. Je comprendrais qu'il s'en étonne et qu'il soit blessé[22]." » Valéry Giscard d'Estaing suggère alors de les convier au château de Rambouillet. Mais la Première dame juge l'endroit trop officiel et trop près de Paris. Brégançon s'impose comme une meilleure idée, plus approprié pour un séjour en toute décontraction. Le 5 juin, les Chirac débarquent donc à Bormes-les-Mimosas, accueillis par le couple présidentiel, arrivé un jour à l'avance : « Pendant l'après-midi, nous avons préparé leurs chambres, avec l'aide de l'intendant Hennequin et du maître d'hôtel Walter [...]. Anne-Aymone s'est chargée des fleurs, Hennequin des savons et de l'eau minérale. J'ai fait acheter des journaux et des magazines », se souvient précisément Valéry Giscard d'Estaing. Malgré ce cadre privilégié, l'ambiance est loin d'être apaisée entre les deux hommes. Jacques Chirac croit qu'il est venu assister à un séminaire de travail, alors que Valéry Giscard d'Estaing veut parler de tout sauf de politique. Pour détendre l'atmosphère, il invite même à dîner son moniteur de ski, rencontré à Courchevel, Gabriel Féjoz – rebaptisé Gaby – et son épouse, qui sont également propriétaires d'un hôtel et d'une plage à Saint-Tropez. Le Premier ministre se sent humilié d'être relégué au même plan que le prof de sport du président. Dans ses mémoires, il décrit d'ailleurs la scène avec un certain mépris : « Le couple est arrivé, lui en polo, elle portant une jupe courte, faute

22. *Ibid.*

d'avoir été prévenus de la tenue souhaitée : costume de ville et robe longue. La situation est pour eux si embarrassante, et même humiliante, que la malheureuse n'aura de cesse, durant la soirée, de tirer discrètement sur sa jupe comme pour lui faire gagner quelques centimètres[23] » Chirac ira même jusqu'à raconter que le président s'est comporté avec une « désinvolture de monarque » durant toute la soirée, et qu'il a laissé ses invités s'asseoir sur des chaises, alors que lui et son épouse étaient dans deux fauteuils, qui avaient tout l'air de trônes. « Jacques Chirac a laissé courir des rumeurs totalement mensongères. Il n'y a jamais eu de trône ou quoi que ce soit dans le genre à Brégançon. Mes parents n'avaient pas fait changer les sièges installés du temps de Pompidou. Aussi, Gaby Féchoz et son épouse étaient un couple extrêmement sympathique. Ils avaient d'ailleurs une fille brillante, qui a fait de très bonnes écoles puis carrière dans la banque. Bref, ils avaient tout pour plaire aux Chirac[24] », tient à rectifier, encore aujourd'hui, Louis Giscard d'Estaing. De son côté, le président donne une tout autre version de ce moment dans ses mémoires, décrivant, avec des accents poétiques, un « dîner sympathique » : « Il entre du dehors la brise de la mer, qui commence à s'apaiser. Comme la lumière baisse, on allume des bougies. Il règne un contraste heureux et confortable entre la salle à manger où les flammes jaunes dessinent des ombres sur le plafond, dans une odeur d'herbes et de poissons grillés, et l'immense voûte bleutée, qu'on aperçoit à l'extérieur, lisse et tiède, et qui s'assombrit

23. Jacques Chirac, *Mémoires*, tome 1, « Chaque pas doit être un but », NiL, 2009.

24. Entretien avec l'auteur, *op. cit.*

par degrés. » Quant au détail des « trônes », il le démentira à chaque fois qu'on l'interrogera à ce sujet. En 2017, il livrera même, pour les besoins d'un documentaire télévisé, un petit film amateur tourné durant ce week-end controversé, où l'on ne remarque aucun fauteuil plus imposant qu'un autre autour de la table.

Le lendemain de cette soirée, Jacques Chirac quitte le fort de Brégançon furieux, offensé, et surtout bien décidé à démissionner. Comme si ce séjour varois avait pesé dans son choix. C'est en tout cas ce que prétend la légende. Pourtant, Anne-Aymone Giscard d'Estaing trouve le Premier ministre beaucoup plus détendu et reposé à la fin de ce week-end : « Je crois que c'était une bonne idée de leur demander de venir[25] », avance-t-elle, sûre de son effet. De retour à Paris, Chirac, toujours furibond, raconte à qui veut l'entendre l'affront que le président lui aurait fait subir. À tel point que l'anecdote remonte aux oreilles de la rédaction du *Point*. En ouvrant le journal, le 9 août, Valéry Giscard d'Estaing tombe des nues et est, à son tour, courroucé contre son Premier ministre. L'épisode participera, sans nul doute, au divorce du couple de l'exécutif. Mais il n'empêchera pas, malgré tout, Valéry Giscard d'Estaing de passer de bonnes vacances.

---

25. Cité par Valéry Giscard d'Estaing, *Le Pouvoir et la Vie*, *op. cit.*

François Mitterrand

Un loup dans la bergerie

De l'aveu de ceux qui l'ont vécu, rien n'est plus solitaire que l'exercice du pouvoir. Valéry Giscard d'Estaing le confiait à qui voulait l'entendre : lui qui avait pourtant frayé avec le monde politique avant d'atteindre l'Élysée, avouait ne pas s'être imaginé à quel point ce palais était synonyme d'isolement extrême. Pour seule illustration, il n'y a qu'à le voir, quelques mois seulement après son élection, filmé par les caméras de TF1, marchant seul dans les jardins du 55 rue du Faubourg-Saint-Honoré, entouré de ses quatre chiens. Comme si la compagnie des bêtes était la seule envisageable. De son côté, François Mitterrand s'en satisfaisait très bien, lui qui n'aimait rien d'autre que le calme et la méditation. Il pouvait se balader des heures entières avec Nil, son fidèle labrador retriever noir, puis plus tard avec Baltique, un autre labrador noir, femelle cette fois. Cette dernière a certainement été l'une de ses plus attentives confidentes, avec laquelle, durant ses rêveries de promeneur solitaire, il pouvait penser à haute voix, sans jamais être jugé. Le président et ses chiens parcouraient des kilomètres et des kilomètres dans les forêts sauvages des Landes, région du Sud-Ouest qui lui était si chère. François Mitterrand y passait en effet une majorité de ses congés, hiver comme été. Il s'y envolait même parfois juste le temps d'un week-end. En août, il y demeurait plusieurs semaines. Une retraite qui lui paraissait nécessaire pour mener son action politique sereinement le reste de l'année. Rappelons tout de même qu'il est resté à la tête de l'État durant quatorze ans. Une longévité dont ne peuvent même pas se prévaloir certains rois.

En 1965, François Mitterrand achète donc une maison à Latche, lieu-dit de la commune de Soustons. Il était tombé amoureux de la région quelques années plus tôt, rendant régulièrement visite à Christine, la sœur de son épouse Danielle, à Hossegor. S'il n'apprécie pas particulièrement les bains de mer et les après-midi *farniente* à la plage, il n'aime rien de plus que de se perdre au milieu des pins. Il apprend rapidement l'histoire de chaque arbre, en reconnaît l'essence, l'écorce, la forme des feuilles… Pour celui ou celle qui l'accompagne dans ses randonnées, il s'improvise d'ailleurs professeur de botanique. Un jour, au détour d'un chemin, près d'un lac, il fait face à une maison de gemmeurs du XVIIIe siècle flanquée d'une bergerie, pas en très bon état, mais il se met en tête de l'acquérir. Son propriétaire d'alors, un certain baron d'Etchegoyen, n'est pourtant pas très enclin à la lui céder. En 1965, François Mitterrand s'est en effet présenté à la première élection présidentielle au suffrage universel direct, face à Charles de Gaulle. Obtenant 44 % des suffrages au second tour, il a à peine fait trembler le Général. Mais en bon gaulliste, le baron d'Etchegoyen n'a pas vraiment envie de « pactiser avec l'ennemi ». Il traîne donc un peu des pieds pour signer le compromis de vente, avant de finir par céder.

Latche a besoin d'être retapé, même si François Mitterrand tient à conserver son authenticité toute landaise, avec ses poutres apparentes et ses briques, en extérieur et à l'intérieur. « Ce n'était pas luxueux, même très modeste je dirais. Il n'y avait aucun clinquant. C'était confortable, mais sans plus[1] », résume Jean-Pierre Meyer, ancien aide de camp du président. La propriété est composée de deux bâtisses. Tout d'abord, une maison principale, avec plusieurs chambres, un grand salon, une salle à manger attenante à la cuisine. « Quant à la télévision, on la regarde dans la mezzanine[2] », se souvient Pierre Tourlier, fidèle chauffeur et garde du corps de Mitterrand durant vingt-cinq ans. La chambre du président est, quant à elle, située au fond du jardin, dans une grange, longtemps laissée à l'abandon. Il a acheté cette annexe au début des années 1970 à un paysan qui n'en réclamait pas un sou. François Mitterrand a tout de même tenu à lui payer le prix du terrain et des vieilles pierres. La pièce a ensuite été totalement reconstruite, avec de grandes baies vitrées sur tous les côtés. Puis le président y a installé un bureau, une douche et des toilettes, ainsi qu'au centre un « grand lit surélevé par un muret et recouvert d'une couette ». Si Mitterrand avait l'habitude d'appeler cette dépendance la bergerie, les médias donneront ce nom à l'ensemble de la propriété estivale du

1. Entretien avec l'auteur, 10 novembre 2020.

2. Pierre Tourlier, *Tonton*, Éditions du Rocher, 2005.

président. Chaque mois d'août, on lit donc, en une de la presse, que le chef de l'État est allé se réfugier à *La Bergerie.* Ce qui lui confère assurément un aspect très paysan, qui plaisait à Mitterrand.

Plus tard, il fera également construire deux petits chalets pour y ranger son impressionnante bibliothèque. Grand lecteur, quand il est en vacances, le président a toujours le nez dans un livre. Ainsi le raconte Christian Prouteau, chargé de la sécurité de Mitterrand dès 1982, qui a eu l'occasion de se rendre à Latche quelques semaines après sa prise de fonction : « La maison est grande ouverte et totalement silencieuse. Ils doivent être en train de faire la sieste. J'hésite à entrer. Mme Mitterrand, qui m'a aperçu, m'invite d'un signe à me diriger vers la gauche. D'où je me trouve, je ne vois qu'un grand chapeau de paille qui dépasse d'une chaise longue. Je m'approche : le président est là, un livre ouvert entre les mains. À côté de lui, trois autres livres hérissés de marque-page donnent à penser qu'il les a également commencés – il lirait quatre ouvrages de front? On m'a parlé de sa passion pour la lecture, mais là, ça m'épate[3] ! »

Voilà donc à quoi le président occupe les chaudes journées d'été, à sa passion la plus profonde, celle des grands auteurs. À Latche, Mitterrand se livre à de nombreux rituels, comme se promener quotidiennement dans la pinède, ou encore nourrir lui-même Marron et Noisette. C'est même la première chose qu'il fait en descendant de voiture, tout juste arrivé dans sa

---

3. Christian Prouteau, *Au service du Président*, Éditions Michel Lafon, 1999.

propriété landaise : saluer ses deux ânes, et leur préparer un grand seau d'avoine et de maïs. « Il était amusant de voir ces animaux le matin guettant leur maître sortir de la chambre et qui brayaient avec force pour le saluer et le rappeler à ses obligations[4]. » Le reste de l'année, un cultivateur du coin est chargé de veiller sur Marron et Noisette, véritables mascottes de Soustons, qui ne seront jamais remplacés à leur mort.

Même après son élection de 1981, et le déploiement de plusieurs escadrons de la gendarmerie à chacune de ses venues, qui encombrent les abords du village, François Mitterrand reste très apprécié par les gens du coin, qui le considèrent comme « un petit gars de Soustons », alors qu'il est originaire de Jarnac, en Charente. Il sympathise avec les forestiers, qu'il surprend régulièrement par sa connaissance magistrale des sentiers et des chemins de traverse ; et avec les paysans, qui lui donnent des conseils pour ses plantations. Quand il devient propriétaire de *La Bergerie*, Mitterrand regrette de n'avoir que mille mètres carrés de terrain. Alors, d'année en année, il n'aura de cesse d'agrandir son domaine, achetant par-ci un petit lopin de terre, grignotant par-là un bout de la pinède. Il déniche même un terrain à Seignosse, station balnéaire toute proche, qu'il troque avec un agriculteur contre une parcelle de forêt. « J'ai fait la politique de Charles Quint. J'ai essayé de conquérir des terres, même si je n'avais pas quand même d'ambition excessive[5] », confie François Mitterrand lors d'une interview télévisée à Soustons.

4. Pierre TOURLIER, *Tonton*, *op. cit.*

5. *François Mitterrand, albums de famille*, un film de Fabien BEZIAT et Hugues NANCY, 2016.

Au final, son royaume sylvestre s'étendra sur quarante-cinq hectares, comme il en avait rêvé. « Chaque année à la Sainte-Catherine, il venait planter quelques arbres. On a fini par devenir amis. Il me parlait de la nature, des Landes, de la tradition. C'était un véritable homme de terroir[6] », raconte Albert Bouyries, pépiniériste chez lequel Mitterrand avait ses habitudes. Beaucoup de chênes, quelques tilleuls et platanes, le président choisit chaque espèce lui-même, et tient aussi à donner les premiers coups de pelle. « Il voulait à tout prix le faire lui-même, on y passait des heures[7]. »

« Un homme du terroir », c'est aussi comme cela que le considère Yvonne Bedat – que tout le monde surnomme Nénette –, la patronne de l'*Auberge du Soleil*, sur la route d'Azur, village voisin de Latche. Quand il arrive chez elle, Mitterrand passe directement par la cuisine, pour s'enquérir du plat du jour et passer commande. Pas de chichis dans ce restaurant, la tenancière fait dresser de grandes tables pour que le président puisse déjeuner avec famille et amis.

À Latche, François Mitterrand reçoit en effet beaucoup. « Il y retrouvait souvent ses fils, notamment Gilbert, qui habitait dans la région de Bordeaux[8] », se souvient Jean-Pierre Meyer. Roger Hanin, mari de la sœur de Danielle Mitterrand, est aussi un habitué de la maison. Entre l'acteur

---

6. *Libération*, 9 janvier 1996.

7. *Ibid.*

8. Entretien avec l'auteur, *op. cit.*

et le président, les liens sont plus que familiaux. Il y a quelque chose de fusionnel, qui tient des forces de l'esprit.

Les allées et venues ne se limitent pas à la famille. L'été, il y a toujours du monde à Latche. Des amis, souvent issus du Parti socialiste bien évidemment, comme les fidèles Jack Lang et Henri Emmanuelli, mais pas seulement. Écrivains, journalistes, scientifiques, botanistes, historiens, et beaucoup d'autres encore sont régulièrement conviés. Ce groupement d'intellectuels anime les journées et les conversations. Les repas s'éternisent souvent par des causeries philosophiques autour d'un café. On disserte sur des sujets divers et variés, allant de la religion à l'éthique, en passant par la spiritualité et la métaphysique. François Mitterrand est curieux de tout. Et à chacun de ses séjours estivaux à Latche, il ouvre son champ de connaissances.

Le président se réjouit donc dès qu'il a des invités. Il voit en eux un auditoire tout choisi, qu'il peut gaver d'histoires et d'anecdotes, au déjeuner comme au dîner. Mais une fois sorti de table, gare à ce que ces convives ne troublent pas trop sa solitude. La femme d'un de ses ministres, invitée à *La Bergerie* par Danielle Mitterrand, a ainsi fait les frais du caractère irascible – dirons-nous – du président. L'incident s'est déroulé durant l'été 1989 et est relaté par Pierre Tourlier, le chauffeur. Cette dame, croyant être à Latche comme à l'Élysée, va réclamer au maître d'hôtel, qui suit le chef d'État durant ses congés, un poste de radio portable. Elle souhaite en effet écouter de la musique au bord de la petite piscine, qui a été creusée à une cinquantaine de mètres du bureau de François Mitterrand. Le majordome, qui connaît mieux que quiconque les humeurs de son patron, la prévient que le bruit pourrait le déranger. Mais cette dame insiste, et finit par s'installer sur un transat, avec son transistor. Quelques minutes plus tard, l'appareil s'arrête, faute de piles. Elle retourne donc à l'office réclamer une rallonge électrique. On la lui accorde, cette fois sans polémiquer. « La musique même mélodieuse qui sort du petit poste de radio trouble immédiatement le souffle du vent landais et les cris des rares oiseaux présents[9] », raconte Pierre Tourlier. Le président ne tarde pas à sortir en trombe de son bureau, « étonné par ces sonorités inhabituelles pour ce lieu paisible, et plus encore désappointé par le gros fil électrique jaune qui passe juste devant sa porte », celui de la rallonge. « La musique, passe encore, mais les fautes de goût dans l'environnement, je ne supporte pas. Pouvez-vous régler ce problème ou dois-je le faire moi-même ? » interroge-t-il, irrité. La femme du ministre se confond en excuses, et déguerpit aussi vite qu'elle s'était installée. Durant le reste de la journée, elle ne pourra taire sa confusion. « Nous avons la chance, Danielle et moi, d'avoir à Latche un endroit suffisamment animé par la nature pour nous dispenser des artifices humains », lui expliquera-t-il simplement au dîner, pour clore l'incident.

De refuge intime, Latche devient rapidement un symbole politique. En 1974, alors candidat à la présidentielle face à Valéry Giscard d'Estaing, François Mitterrand accueille pour la première fois la presse dans sa propriété landaise. Par la suite, les journalistes seront régulièrement les bienvenus

9. Pierre Tourlier, *Tonton*, *op. cit.*

à *La Bergerie*, notamment après son élection. Dès août 1982, le premier président socialiste de la Cinquième République accueille huit représentants des médias pour évoquer le dossier brûlant du moment, qui ne peut pas attendre la rentrée : l'inflation à deux chiffres. L'interview est tout de même plus décontractée que si elle avait lieu à Paris, les journalistes et le chef de l'État partageant autour d'une table un plat d'écrevisses et du foie gras. Le 2 janvier 1983, trois jours après ses traditionnels vœux télévisés, François Mitterrand choisit d'intervenir au journal du midi d'Antenne 2, depuis son salon de Latche, assis au coin de la cheminée. « Je suis heureux de recevoir dans cette maison mes amis, même lorsqu'il s'agit d'une réunion comme celle-ci, laquelle est à la fois une réunion d'information et une réunion de travail à l'intention des Français [...] C'est l'occasion peut-être un peu plus personnelle de débattre de sujets sérieux », déclare-t-il en début d'interview, avant de répondre à de nombreuses questions sur le chômage et l'emploi des jeunes.

Si Mitterrand choisit de ne pas passer ses congés dans un des lieux de villégiature mis à disposition du chef de l'État – il délaissera totalement le fort de Brégançon –, il donne à Latche un rôle quasi officiel. Ainsi, en plus des médias, il y reçoit régulièrement des homologues étrangers, pour des sommets improvisés au vert. Mário Soares, Premier ministre portugais, Felipe Gonzales, chef du gouvernement espagnol, Willy Brandt, ancien chancelier fédéral d'Allemagne, puis ses successeurs Helmut Schmidt et Helmut Kohl iront ainsi régler des questions de politique internationale dans ce cadre à l'origine familial. Car pendant que des dirigeants décident de l'avenir du monde, assis sur des chaises de jardin, Danielle, la Première dame, bronze dans un transat, et les enfants jouent au ballon. Vie privée, vie publique, tout vient à se mélanger à Latche. Certainement pour renforcer les liens. Ainsi, Gilbert Mitterrand, le cadet, se souvient de Mikhaïl Gorbatchev, président de l'URSS, chantant à tue-tête *Le Temps des cerises* après un repas landais trop arrosé. Le gouvernement y est aussi réuni durant les vacances. Le 20 août 1982, le Premier ministre Pierre Mauroy rend visite à François Mitterrand à Soustons pour parler de la crise économique. Faut-il ou non prendre le tournant de la rigueur ? Les deux hommes s'entretiennent lors d'une promenade en forêt. « Je suis prêt à partir si cela échoue », assure le locataire de Matignon, certain qu'il faut resserrer la vis budgétaire. Durant ce même été, Laurent Fabius et Pierre Bérégovoy y viendront aussi.

Cette valse ininterrompue de convives ne trouble pas pour autant la tranquillité de *La Bergerie*. Au contraire, le président se nourrit de ce calme pour prendre de nombreuses décisions. « Je pense qu'ici, il éprouvait du recul sur les choses. Ici, il y a une vraie sérénité, c'est paisible, et on a même l'impression que tout est amorti. Il se passe plein de choses dans le monde, des choses horribles, mais vous ne le vivez pas dans la violence. Vous prenez l'événement avec du recul ici[10] », explique Gilbert Mitterrand.

Plus que n'importe quel autre endroit mitterrandien, de la rue de Bièvre à Paris à la maison familiale de Jarnac, aucun

10. *François Mitterrand, albums de famille*, *op. cit.*

autre ne semble plus significatif que les Landes. Tout s'y est construit, aussi bien la carrière de cet homme qui savait qu'il serait un jour appelé à la tête de son pays, que sa vie privée, ou ses vies privées. Car si c'est à Latche qu'il retrouvait Danielle et leurs deux garçons, c'est aussi à quelques kilomètres de là, à Hossegor, qu'est née son histoire parallèle avec Anne Pingeot. Assis à son bureau, dans sa bergerie, il lui écrira d'ailleurs ces mots : « J'aime ton corps, la joie qui coule en moi quand je détiens ta bouche, la possession qui me brûle de tous les feux du monde, le jaillissement de mon sang au fond de toi, ton plaisir qui surgit du volcan de nos corps, flamme dans l'espace, embrasement[11]. » Les cœurs et les corps s'échauffent, sous le soleil exactement.

La maison secrète

« Sans le golf, rien de cette histoire n'aurait existé[12] », confie Anne Pingeot. Elle n'a que 14 ans la première fois que son regard croise celui de François Mitterrand. Jeune fille, elle habite en Auvergne, mais passe toutes ses vacances à Hossegor, où ses parents possèdent une jolie maison sur le lac. Durant ces congés, le grand bonheur de son père est d'aller jouer au golf. Le green d'Hossegor est fort bien entretenu, toujours très vert, puisque les averses sont fréquentes sur la côte landaise. Un jour de pluie justement, François Pingeot revient s'abriter à la maison, accompagné de deux de ses

11. François Mitterrand, *Lettres à Anne*, Folio, 2018.

12. « À voix nue avec Anne Pingeot », émission de France Culture, 2016.

camarades de jeu, André Rousselet, et le député François Mitterrand. Anne Pingeot n'est encore qu'une adolescente, mais l'élu socialiste remarque déjà son esprit et sa beauté. Quant à elle, elle est immédiatement fascinée par cet orateur à la culture sans bornes et au verbe facile. « Cela m'a laissé une impression… ineffaçable[13]. »

Au début des années 1960, François Mitterrand, de retour à Hossegor pour l'été, passe prendre l'apéritif chez les Pingeot. Il découvre une Anne qui a bien grandi. Jeune femme, elle ne rougit plus devant celui qui rêve déjà de devenir président. Elle rit même de bon cœur au badinage de cet intellectuel qui retrouve, dès lors, sa vigueur toute casanovienne. À l'occasion d'une représentation de théâtre amateur à laquelle les Pingeot le convient, il est subjugué par la beauté d'Anne, actrice d'un soir, qui irradie dans le rôle de la grande-duchesse des *Justes* de Camus.

— Dites-moi, cher François, questionne alors la mère de la jeune biche, ma fille veut suivre des études d'art. Elle monte à Paris à la rentrée. Nous ne connaissons pas grand-monde dans la capitale. Vous ne voudriez pas la prendre un peu sous votre aile ?

— Comptez sur moi, Thérèse, je m'en occuperai, lui répond sans hésiter le leader socialiste.

Il sera donc son protecteur, son pygmalion… Celui qui devra la faire entrer dans le monde, et lui faire découvrir

13. *Ibid.*

les merveilles de Paris. Bien que très occupé par sa carrière politique, François Mitterrand trouve toujours du temps pour accompagner Anne dans les musées. Ensemble, ils discutent de tout et de rien, et cela leur semble si naturel. Au fil de leurs régulières promenades au jardin des Tuileries, ils se rapprochent, se frôlent.

Le 19 octobre 1962, François Mitterrand, 46 ans, envoie une première lettre à la jeune femme, qui n'a pas encore 20 ans. Suivront des centaines et des centaines d'autres, qui seront, des décennies plus tard, rassemblées et publiées par Gallimard. Dans celle-ci, il est question des Landes et des souvenirs de vacances : « Voici, chère Anne, le *Socrate* évoqué un soir à Hossegor. Édité en Suisse je n'ai pu encore me procurer l'exemplaire promis. Je vous envoie donc le mien, qui m'a souvent accompagné dans mes voyages et qui est pour moi comme un vieil ami [...] Ce petit livre sera le messager qui vous dira le souvenir fidèle que je garde de quelques heures d'un bel été[14]. »

Ainsi, dans de nombreuses missives, François Mitterrand rappelle à sa Lolita les moments qu'ils ont passés ensemble à la belle saison. Entre les lignes écrites à l'encre, ressurgissent la plage, le sable, les pins et les vagues. « Je ne sais pourquoi je mets dans cette lettre, avec un œillet d'Inde de Lohia et un œillet des dunes, un peu du parfum de notre première balade aux "Trois-Poteaux" », lui dit-il dans un courrier daté du 4 novembre 1963. Très rapidement, l'été devient le lieu

---

14. François Mitterrand, *Lettres à Anne*, *op. cit.*

commun de leur amour, comme dans un roman de Sagan ou de Colette. Sauf que contrairement au *Blé en Herbe*, il ne s'agira pas d'une de ces amourettes qui s'évanouissent septembre venu. Anne et François passent de plus en plus de temps ensemble, à Paris comme dans les Landes.

L'idylle qui s'installe n'échappe pas à Danielle Mitterrand. Comment aurait-elle pu ne pas la remarquer ? À *La Bergerie*, Mitterrand garde précieusement une photo de sa maîtresse, qu'il a placée sur sa table de chevet en osier, juste sous sa lampe, pour la voir avant de s'endormir. L'épouse légitime le menace de divorcer, ou exige qu'il cesse sur-le-champ de fréquenter cette fille qu'elle juge insipide. Depuis longtemps déjà, elle souffre en silence des conquêtes successives de son mari, mais celle-ci, c'est celle de trop, celle qui la pousse à ne plus se taire. François Mitterrand ne peut envisager une séparation, qui serait synonyme de renoncement à sa vie de famille, mais aussi à sa carrière politique qu'il sait toute tracée. Il propose alors à sa femme un nouveau pacte : une fidélité des cœurs, mais une liberté des corps. S'ils resteront bien ensemble jusqu'à la mort, ils ne s'empêcheront finalement pas, avec le temps, de tomber amoureux de quelques autres. À Hossegor, Danielle Mitterrand fait elle aussi une rencontre. Jean, maître-nageur l'été, moniteur de ski l'hiver, est tout ce que François n'est pas : un beau brun athlétique et sportif, aux épaules larges, au ventre plat et aux muscles saillants. Surtout, il est particulièrement attentionné, s'intéresse à ses deux garçons, Jean-Christophe et Gilbert, qu'il emmène chaque année skier, et qu'il retrouve au mois d'août sur la côte landaise. Jean emménage même dans une chambre de bonne au-dessus de l'appartement familial de la rue de

Bièvre. « Longtemps, Mitterrand aimera raconter cette anecdote : “Que faites-vous si, en rentrant chez vous, vous trouvez votre femme au lit avec un autre homme ? Eh bien, moi, j’enlève mon pardessus, je m’assois devant eux et je déplie mon journal.” Dans la réalité, Mitterrand fera bien mieux : l’amant de sa femme lui servira de chauffeur et lui donnera des cours de tennis[15] », écrit le reporter David Le Bailly, qui a longuement enquêté sur les différentes facettes du président socialiste.

Si Mitterrand ne voit pas d’un très bon œil la relation qu’entretient Danielle avec Jean, il ne peut que la tolérer. Car lui non plus n’a pas vraiment respecté le contrat qu’il avait pourtant imposé. Au même moment, sa liaison adultérine avec Anne Pingeot s’est transformée en un amour dévorant et passionné. Mais il doit alors trouver un nouvel endroit pour passer du temps avec elle : Hossegor est définitivement devenu la maison de vacances de la famille officielle… en plus d’être l’abri de l’infidélité de Danielle. C’est à Gordes, pastorale commune sur les hauteurs du Vaucluse, en face de la montagne du Luberon, que les deux amants se retrouveront désormais l’été. Quelques proches sont mis dans le secret de cette double vie, presque clandestine, dont Pierre Soudet, ancien membre du cabinet de François Mitterrand à la Justice, et son épouse, Laurence Soudet, qui devient rapidement la confidente de la jeune Anne. Le couple a justement acheté une maison dans le Luberon, au pied de Gordes. Mitterrand y séjourne régulièrement, comme

---

15. David Le Bailly, *La Captive de Mitterrand*, Éditions Stock, 2014.

en témoigne cette lettre envoyée à Anne, le 4 juillet 1966 : « Mon amour, je t'écris, comme tu le vois, de Gordes où je suis depuis hier et d'où je partirai ce soir. C'est l'après-midi, juste au déclin de la chaleur. Les volets sont en contrevent, des oiseaux commencent à chanter. Les couleurs redeviennent rouges, vertes, bleues. Tout remue : et moi je sors de la torpeur de ce début d'été qui me rappelle, ici, ceux de Touvent. Les mouches contre la moustiquaire, une branche de figuier au-delà et la paroi crayeuse et rebondie qui surplombe la maison des Soudet forment le paysage de ma fenêtre. » Ce cadre lui est si idyllique qu'il lui semble parfait pour accueillir ses passions illégitimes. Les Soudet consentent à prêter leur villa pour abriter cette histoire intrinsèquement romanesque.

Puis, en 1968, François Mitterrand achète à un couple de menuisiers quelques parcelles de terres, à Gordes toujours, vers le quartier des Rapières. En tout, dix-sept ares, pour 13 000 francs seulement. Il y fait construire, quelques années plus tard, une petite maison de plain-pied sans prétention, avec une pièce à vivre, et deux chambres. Rien d'extravagant, mais François et Anne sont heureux. Ils ont enfin leur propre nid d'amour.

Détail important : le nom de Mitterrand ne figure pas sur les actes de propriété. La résidence de Gordes appartient en effet à une société civile immobilière, la SCI Lourdanaud, du nom d'un lieu-dit où Mitterrand avait fait l'acquisition d'un deuxième terrain, tout près de chez les Soudet. Malgré cette proximité, le leader socialiste n'est pas officiellement lié à cette SCI, dont la quasi-totalité des parts sont détenues par

François de Grossouvre, un fils de marquis, haut-fonctionnaire, et fidèle bras droit du président jusqu'à ce qu'il se donne la mort, d'une balle dans la tête, le 7 avril 1994. Comme quelques autres dévoués amis, celui-ci se démène pour que Mitterrand puisse mener sa double vie, sans trop de soucis. En 1976, la mystérieuse SCI Loubanaud achète donc à François et Danielle Mitterrand l'ensemble de la propriété de Gordes. L'épouse légitime en détenait en effet la moitié, du fait des lois du mariage, et doit signer pour cette transaction, sans se douter un instant de la combine qu'elle recouvre. Une fois le marché conclu, François de Grossouvre abandonne, petit à petit, les parts de sa société fantôme à une certaine Anne Pingeot. Quand Mitterrand devient président en 1981, la maison de Gordes n'apparaît donc pas dans la liste de ses biens immobiliers : il l'a en effet cédée quelques années plus tôt. Personne ne peut alors faire le lien entre lui et la nouvelle propriétaire. Cette demeure ne doit exister pour personne, ni pour les médias, ni pour les Français, et même pas pour les services de l'Élysée. Les plus proches collaborateurs et agents de sécurité se doutent bien de quelque chose, mais n'y mettent jamais les pieds. « Gordes, c'était vraiment top secret. À l'Élysée, on n'en parlait pas, et pour moi, je faisais comme si ça n'existait pas. Peut-être qu'il y avait un ou deux gendarmes qui l'y accompagnaient, mais ils dormaient à l'hôtel du village[16] », confie son ancien aide de camp, Jean-Pierre Meyer.

16. Entretien avec l'auteur, 10 novembre 2020.

Ce charmant village du Vaucluse, devenu aujourd'hui l'une des destinations les plus prisées de la région et un repaire pour toute la faune germanopratine, était à l'époque encore très confidentiel. Simplement dissimulé sous un large chapeau de paille, Mitterrand peut y déambuler sans trop de crainte. Parfois, les Gordiens l'aperçoivent se recueillant devant la beauté de l'abbaye Notre-Dame de Sénanque, ou chinant des antiquités dans quelques brocantes. Mais aucun n'ose l'accoster ou lui poser de question, notamment sur la présence de cette jeune femme à ses côtés, ou encore de cette petite fille qui ne le quitte plus.

Depuis 1974, en effet, la famille Mitterrand-Pingeot s'est agrandie d'une troisième entité qui va rapidement s'imposer comme la pierre angulaire de cette histoire. Depuis longtemps, Anne réclamait un enfant. François se trouvait trop vieux pour une nouvelle paternité, mais a fini par lui céder. Cette grossesse, il faut bien évidemment la cacher. Anne est d'abord envoyée à Londres, où elle séjourne quatre mois, puis revient accoucher dans une clinique d'Avignon, à quelques kilomètres de Gordes. La petite maison d'été sera alors à jamais unie au destin de Mazarine, fille autant cachée que désirée du futur président. François Mitterrand apprend sa naissance alors qu'il séjourne à Latche, où il s'apprête à fêter Noël avec les garçons et Danielle. Il ne dira rien de ce coup de téléphone à son épouse, mais elle devinera, encore une fois.

Élu en 1981, le premier socialiste à la tête de l'État refuse de renoncer à cette existence parallèle qu'il a toujours menée. Son temps libre, et notamment ses congés, il les partage donc en deux, entre l'officiel et le secret. À Latche, il accueille journalistes, dignitaires et visiteurs impromptus. À Gordes, il se renferme dans une bulle à trois. Jamais plus. Comme le nombre de tilleuls qu'il a fait planter dans le jardin à la naissance de Mazarine. Le plus majestueux représente bien évidemment le père, c'est-à-dire le président. Le second, avec le feuillage le plus délicat, celui sous lequel on vient s'ombrager les jours de forte chaleur, est le totem de la mère, Anne. Enfin, un plus petit est dédié à Mazarine. « Quand on arrivait ici, il fallait toujours venir dire bonjour aux arbres[17] », se souvient cette dernière. S'il se montre généralement distant avec ses proches, même avec ses deux fils, Mitterrand est un autre homme quand il passe du temps avec Mazarine. Durant les vacances à Gordes, il laisse au placard son costume de président, pour revêtir celui de papa poule. Promenades à cheval, folles parties de ping-pong, ou encore séances de lecture. Il en oublie les longues causeries lyrico-philosophiques qu'il tient à Latche, pour s'amuser à rejouer des scènes de ses séries préférées, *Starsky et Hutch* ou encore *Dallas*, avec sa fille. Anne Pingeot tient la caméra, pour tourner des petits films qui entreront dans la mémoire familiale, tandis que Mazarine se grime en Sue Ellen. Mitterrand, quant à lui, interprète sans surprise le patriarche J.R. Ewing.

---

17. *Le Secret*, un documentaire de Solveig Anspach, 2006.

Jacques Chirac

Une tenue inappropriée

Derrière ses longues-vues, il guette, ne quittant son poste d'observation seulement quand la sonnerie d'un téléphone vient le rappeler à son devoir de président. Pour ses premières vacances élyséennes, Jacques Chirac a choisi le fort de Brégançon. Il aurait pourtant pu prendre cette bâtisse en grippe, lui qui y a vécu une humiliation, lors de son week-end de la Pentecôte avec Valéry Giscard d'Estaing. C'est en tout cas ce qu'il prétend, nous l'avons vu. Mais le nouveau chef de l'État, très attaché à l'héritage républicain, veut renouer avec ce lieu de villégiature qui avait les faveurs de Pompidou, son modèle et mentor. Et puis, les Chirac n'ont jamais vraiment eu de domicile à eux, hormis le château de Bity, à Sarran, en Corrèze, acheté dans les années 1960, puis déserté une fois la présidence atteinte. Bity a pourtant tout pour satisfaire les rêveries aristocratiques de Bernadette, née Chodron de Courcel, avec ses grandes pièces froides, ses cheminées et ses tourelles. Mais la Première dame préfère assurément vivre dans les résidences de l'État. Celle qu'elle a adorée est, sans aucun doute, l'Hôtel de Ville de Paris, qu'elle a tenu comme une implacable maîtresse de maison durant dix-huit années. Le personnel, mais aussi les murs, s'en souviennent encore. Bernadette Chirac sait s'approprier ces demeures qui ne sont pas à elle mais aux Français. Rien d'étonnant puisqu'elle a toujours eu l'âme d'une souveraine.

En août 1995 donc, pour le premier été après la victoire à l'élection présidentielle, les Chirac font porter leurs malles à Brégançon. Durant les deux mandats de Mitterrand, qui n'y mit presque jamais les pieds, le fort s'était endormi, recouvert d'une lourde couche de poussière. Le défi n'en est que plus grand pour Mme Chirac qui, avec son goût certain pour la décoration et le réaménagement, aura tout le loisir de laisser libre cours à son imagination pour redonner de l'éclat à la vieille forteresse. Contrairement à son épouse, Jacques Chirac est moins séduit par les lieux. En équilibre sur un piton rocheux, cette maison lui semble loin de tout. Parfois, sans même le dire à Bernadette, il s'échappe pour quelques escapades sur les îles voisines – Porquerolles, Port-Cros ou le Levant –, seul ou en charmante compagnie… Mais le président s'y sent prisonnier. Notamment parce que la moindre de ses sorties en dehors du fort est épiée par des dizaines de journalistes et photographes. Les rédactions parisiennes envoient en effet une équipe dans le Var, « au cas où » il se passerait quelque chose… Mais le plus souvent, il ne se passe rien. La moindre promenade du couple présidentiel devient alors immédiatement un événement. Si Jacques Chirac se plie facilement aux obligations médiatiques le reste de l'année, il souhaite souffler durant ses congés. Mais Brégançon ne le lui permet pas. Du haut de la terrasse, caché derrière ses jumelles, il guette sur les plages alentour ces journalistes qui ne décampent pas. Qu'attendent-ils ? La photo de l'année ? Jacques Chirac va la leur donner.

Alors que le soleil est à son zénith, en ce jour d'août 1995, le président décide enfin de sortir de sa prison dorée, avec sa femme et quelques amis. Les objectifs des photographes le mitraillent alors qu'il descend à la plage dans une tenue des plus inattendues : un polo blanc, un bermuda crème – jusque-là tout va bien –, puis plus bas, de hautes chaussettes noires et des chaussures de ville, que l'on ne porte habituellement qu'avec un costume. L'accoutrement est à ce point original qu'il prête à sourire.

L'année suivante, le président est de retour dans la résidence varoise. Pour être débarrassé de la presse durant tout son séjour estival, qui s'étend sur environ trois semaines, il choisit rapidement de lui offrir une image qui satisfera toutes les couvertures de magazines. Le président sort du fort, chemise ouverte, poussant le landau de son petit-fils Martin, né quelques mois plus tôt. Suivent le père du bébé, Thierry Rey, tout aussi débraillé, et Claude Chirac, en maillot de bain noir et short rouge. C'est elle, la fille du président, mais également sa zélée conseillère en communication, qui a concocté cette mise en scène qui sera la photo de l'été.

Scandale au *Royal Palm*

Chaque midi, ils s'installent à la même table, la numéro dix. Celle qui est placée sous un badamier, amandier sauvage que l'on retrouve dans les pays chauds et qui peut parfois atteindre une vingtaine de mètres. Un abri idéal pour les oiseaux tropicaux que Jacques Chirac ne se lasse pas d'écouter chanter. Parfois, une petite crotte atterrit dans l'assiette de Bernadette. La Première dame grimace, mais oublie vite cette contrariété. On oublie tout sous le soleil de l'île Maurice ! Habitué aux grands restaurants parisiens, le président n'en préfère pourtant aucun autre à celui de la plage du *Royal Palm*. Il faut dire que le chef est un grand nom de la cuisine, reconnu par ses pairs. Richard Ekkebus a fait ses gammes avec les meilleurs – Alain Passard, Guy Savoy et Pierre Gagnaire – et a travaillé pour toutes les célébrités, de Beyoncé à Michael Jordan, en passant par Tiger Woods. Le menu est donc raffiné, composé de produits locaux et de poissons délicieux. « Ah ! Si nous avions un chef comme cela à l'Élysée[1] ! », a l'habitude de glisser Jacques à Bernadette, en donnant un dernier coup de cuillère à son dessert.

Pour le président, le *Royal Palm* était assurément la définition même du paradis terrestre. Certes trop loin de Paris – 9 500 kilomètres tout de même – pour s'y rendre tous les week-ends, mais dès qu'il le pouvait, été comme hiver, il s'y échappait. Il profitait notamment de déplacements officiels sur l'île de La Réunion (il est certainement le chef de l'État à l'avoir le plus visitée) pour y faire un crochet. En quarante-cinq minutes d'aéroplane seulement, il retrouvait cette île Maurice qu'il aime tant. On a raconté qu'il y était même venu parfois avec quelques maîtresses. Notamment

1. *Paris Match*, 10 août 2000.

avec Elisabeth Friederich, une journaliste de l'Agence France Presse, qui avait été accréditée pour le suivre à l'époque où il était maire de Paris. Comme souvent avec Jacques Chirac, l'idylle avait été passionnée. Pour retrouver sa maîtresse en toute discrétion, il usait de tous les stratagèmes possibles, allant jusqu'à changer de nom et déguiser sa voix quand il l'appelait à son bureau. Cette dernière avait donc eu les honneurs du *Royal Palm*. En juillet 2001, *Libération* faisait paraître un cliché montrant les deux tourtereaux s'enivrer d'amour sous le soleil de Maurice.

Mais c'est surtout avec l'irremplaçable Bernadette, la légitime, que Jacques venait se ressourcer sur ces plages de sable blanc, durant certains congés d'été. Ils avaient d'ailleurs leur préférée, la bien-nommée plage de la Cuvette, assurément la plus belle de l'île, à en croire tous les guides touristiques. Chaque fois qu'ils s'y rendaient, le président et la Première dame retrouvaient leurs chaises longues attitrées et leur parasol de palmes, réservés d'une année sur l'autre. Jacques Chirac n'aime rien de plus que bronzer. Il peut passer des journées entières à se dorer la pilule en maillot de bain sur un transat. Une heure sur le ventre, une heure sur le dos, et ainsi de suite, jusqu'à griller comme un steak. Le président bulle, somnole, un livre glissant de ses mains. Il se plonge parfois dans un ouvrage sur l'art asiatique, sa passion longtemps inavouée, ou dans quelques polars et romans d'espionnage. Inconditionnel des *SAS* – la fameuse série littéraire de Gérard de Villiers mettant en scène un prince autrichien également agent de la CIA –, il en possédait toute la collection, soit pas moins de deux cents ouvrages. De son côté, la Première dame préfère barboter. Bernadette Chirac peut nager durant des heures, dans cette eau dont la température ne descend jamais en dessous des vingt-huit degrés. Parfois, elle s'éloigne tellement du rivage, que Jacques ne la distingue plus que comme un petit point à l'horizon. Sur la plage, le couple présidentiel est régulièrement importuné par des marchands aux pieds nus, qui vendent babioles et colifichets. Mais jamais Jacques et Bernadette ne les enverraient balader. Au contraire, ils prennent toujours le temps de discuter. « Ils sont gentils, pas snobs et parlent avec tout le monde. Le président est riche. Il a plein de gros billets de banque dans sa *pocket* et sa femme ne marchande jamais. Alors pour toi, je te fais ce collier de perles baroques à 3 000 roupies. Pour Bernadette, ce sera 7 000 », racontait l'un de ces vendeurs à la criée à une journaliste, à l'occasion d'un reportage pour *Paris Match*. La Première dame achète donc ces breloques au prix fort sans broncher. Par son statut, qu'ici personne n'ignore, elle ne peut pas se permettre de négocier. Car si les Chirac veulent parfois passer incognito, à l'île Maurice, tout le monde les reconnaît. En vacances, Madame ne porte pourtant pas son traditionnel tailleur Chanel mais un paréo, et Monsieur a troqué son costume-cravate contre un bermuda- polo. Parfois, ils se mêlent à la foule de Grand-Baie, le village animé le plus proche, pour faire quelques emplettes, mais les touristes les arrêtent pour leur faire signer des autographes. Même chose le dimanche matin, pour l'immanquable messe de 10 heures dans l'église de Notre-Dame-de-La-Salette, petit édifice en pierres grises perdu au milieu des champs de cannes à sucre, où la foule se presse quand vient le président. L'office ne ressemble en rien à ceux célébrés à Paris ou en Corrèze. La prière est accompagnée de rythmes gais et enlevés. Les fidèles chantent, dansent, frappent dans leurs mains. Jacques Chirac savoure le spectacle. Un jour, raconte la journaliste de *Paris Match*, Claudine Vernier-Palliez, le président va féliciter le père Goupille, curé de cette paroisse, pour son sermon. « On devrait vous nommer évêque[2] », le congratule-t-il. « Vous voyez, mon père, mon mari se prend pour le pape », réplique Bernadette Chirac. Le prêtre de Grand-Baie sera tout de même mandaté à Paris, pour une occasion particulière : le baptême de Martin Rey-Chirac, l'unique petit-fils du chef de l'État.

Si, sur l'île Maurice, Jacques Chirac était autant apprécié, c'est justement parce qu'il savait se montrer humain et proche des gens. Un chauffeur du coin, qui avait eu la chance de le transporter dans sa voiture, s'est longtemps souvenu de cette rencontre. Il avait raconté au président qu'il allait bientôt se marier, histoire de faire la conversation. Une fois rentré à Paris, celui-ci lui avait fait envoyer, en guise de cadeau de noces, un agenda avec le sceau de la République française. Un présent que le chauffeur n'a jamais oublié, et qui avait fait de lui la star de Grand-Baie pendant plusieurs jours.

Au *Royal Palm*, le quotidien des Chirac est certes tranquille, mais tellement réglé comme du papier à musique qu'il en devient routinier. Le président commence sa journée avec un massage, de la plante des pieds au visage, en passant par les fesses. Il n'est pas pudique au moment d'enlever sa serviette. Ensuite, il va irrémédiablement se faire coiffer : un

---

2. *Paris Match*, *ibid.*

petit shampooing, un petit brushing et un peu de laque. Même en congés, même pour lézarder à la plage, il tient à rester impeccable. De son côté, Mme Chirac passe par le salon de coiffure de l'hôtel deux fois par semaine, afin que sa blondeur ne perde jamais de son éclat. Après le déjeuner, vient l'heure sacrée de la sieste. Dans l'après-midi, le chef de l'État consacre du temps à régler quelques dossiers et à passer de nombreux coups de téléphone. Ce n'est pas parce qu'il est à l'autre bout du globe qu'il n'est pas au fait de l'actualité parisienne. Un fax et plusieurs lignes de téléphone installés dans sa chambre lui permettent de relier rapidement Paris et les ministères. La journée se termine souvent au bar, autour d'une piña colada. « Votre président, il aime goûter tous les cocktails[3] », confiait l'un des barmans.

Ici, le service est cinq étoiles. Il faut dire que le *Royal Palm* est connu pour être une adresse mythique, refuge privilégié de la vieille jet set et des célébrités. Alain Delon, Catherine Deneuve, Mireille Darc, Patrick Bruel, Johnny Hallyday, Chantal Goya, Jean Dujardin, Pierre Perret et quelques autres encore y ont posé leurs valises. Le lieu est également prisé par les têtes couronnées. Le roi Carl XVI Gustaf de Suède et la reine Silvia y ont leurs habitudes. Une photo du couple souverain est d'ailleurs soigneusement encadrée sur un mur de l'établissement, sorte de *walk of fame* mauricien, où sont accrochés des clichés de toutes les personnalités qui sont de fidèles résidentes. À chaque fois, le directeur pose fièrement à leurs côtés. Jean-Pierre Chaumard est reconnu

---

3. *Ibid.*

comme un expert de l'hôtellerie de luxe. Adolescent, il a été formé au *Ritz*, le fameux palace parisien, certainement la meilleure école. Tout au long de sa carrière, il a pris la tête de lieux mythiques, tels que le *Byblos* à Saint-Tropez, ou le *Royal Mansour* à Marrakech, et bien évidemment le *Royal Palm*, construit sous l'impulsion du patron de *Beachcomber*, Albert Couacaud, en 1985, mais dont il s'est occupé de faire la renommée. À l'époque, cela avait tout l'air d'un pari fou, tant l'île Maurice n'était pas ouverte au tourisme. Y implanter un hôtel cinq étoiles pouvait donc être risqué. Mais le succès a rapidement été au rendez-vous et ne s'est jamais démenti. De soixante-cinq chambres, coquettes mais banales, à son inauguration, le *Royal Palm* a ensuite gagné dix-neuf suites, et en compte aujourd'hui environ soixante-dix, après un grand lifting effectué en 2014. L'établissement a toujours cultivé un certain art de vivre à la mauricienne, voulant mêler luxe et tradition. Tout y est certes raffiné, mais rien ne semble trop sophistiqué.

À l'intérieur, pas de contreplaqué, de plastique ou de simili, on ne trouve que des marbres gris veinés de fil d'or, du laiton, du chêne, du noyer, du lin, et même de la pierre volcanique, qui rappelle l'histoire de la région. La suite présidentielle dans laquelle séjournent les Chirac est d'ailleurs particulièrement somptueuse : deux chambres, deux salles de bain et un salon meublés de bois précieux importés d'Inde. Au pied du lit du président trône une statue de Ganesh, le dieu de la sagesse et de l'intelligence pour les hindous, reconnaissable à sa tête d'éléphant richement décorée de diamants. Sur les draps de soie, un valet de chambre vient déposer, chaque matin, un panier de fruits frais. Des « vacances au paradis ou plutôt dans l'antichambre du paradis, car le vrai paradis a la réputation de n'être pas très folichon[4] », commente la journaliste de *Paris Match*.

Ce reportage, paru dans l'hebdomadaire le 10 août 2000, avait d'ailleurs été à l'origine d'un petit scandale politico-médiatique. « L'idée de ce papier nous était venue pendant une conférence de rédaction au début de l'été. On était en pleine période de cohabitation. Le président et le Premier ministre passaient chacun leurs congés dans une île : Jacques Chirac à Maurice, Lionel Jospin sur l'île de Ré. On avait donc décidé de faire un "pré-papier" pour raconter leur lieu de vacances avant qu'ils y aillent[5] », se souvient Alain Genestar, directeur de la rédaction à l'époque. « Cette semaine, Jacques Chirac arrive à l'île Maurice, où il s'installera comme d'habitude au *Royal Palm*. *Paris Match* a vérifié que tout est prêt », lit-on en introduction de l'article. En plus de nombreux détails sur le quotidien du couple présidentiel et sur ses habitudes, le sujet est richement illustré de photographies prises par Pascal Rostain, connu pour avoir collaboré avec tous les plus grands titres de presse internationaux. De la table du petit déjeuner des Chirac à leur suite présidentielle, tout est dévoilé aux nombreux lecteurs du magazine. « La journaliste s'était rendue sur place, et avait demandé des anecdotes aux gens qui travaillaient dans l'hôtel. Et étrangement, ils avaient accepté de parler, ce

4. *Ibid.*

5. Entretien avec l'auteur, 12 octobre 2000.

qui est plutôt rare[6]. » Marie-Michelle, par exemple, qui avait eu le trac quand sa patronne lui avait demandé de coiffer Jacques Chirac. « Le président du Gabon, j'aurais accepté, il ne me fait pas peur. Mais le président de France, je n'osais pas. Il m'impressionnait trop », racontait cette dernière. Il y avait aussi Maureen, « la femme qui a vu le président tout nu » : « Le président n'est pas un angoissé. On voit qu'il a l'habitude de se faire masser », confiait-elle.

Mais Jacques Chirac n'aime pas que l'on raconte ses vacances, surtout quand elles ont tout l'air de celles d'un milliardaire. À 21 972 francs la nuit pour la suite présidentielle, multipliés par trois semaines, la note monte rapidement à 460 000 francs. Taxes et services compris certes, mais il faut ajouter à cela une suite pour Claude Chirac et le petit Martin, ainsi que des hébergements pour le service de sécurité et l'aide de camp, qui ne quittent jamais le président. On atteint alors rapidement le demi-million de francs, un budget estival complètement excessif comparé à celui de la grande majorité des Français. « Mais à l'époque, il n'y avait pas eu de récupération politique de cet article, même pas par l'opposition », assure Alain Genestar. Pourtant, Jacques Chirac entre dans une colère noire. « Il aurait réclamé que des têtes tombent à la direction du journal dirigé par Alain Genestar. Il aurait ainsi téléphoné à Jean-Luc Lagardère, propriétaire de *Paris Match*, et à Anne-Marie Couderc, directrice générale de Hachette Filipacchi et ex-ministre de Juppé, tandis que sa fille Claude, chargée de la communication élyséenne, passait un coup de fil orageux à

6. *Ibid.*

Olivier Royant, directeur adjoint de la rédaction[7] », croit savoir *Libération*. Alain Genestar se rappelle en effet clairement de l'appel vociférant de la fille du président : « Claude Chirac n'était pas contente. Elle m'a engueulé, mais c'était surtout pour exprimer son fort mécontentement.[8] »

Le président est en effet très fâché. Il ne voudra plus recevoir les journalistes de *Paris Match* pendant plusieurs mois. « C'était préjudiciable pour nous car on ne pouvait plus avoir d'interviews de l'Élysée. Mais ça a fini par être préjudiciable aussi pour lui, car il allait se relancer dans une campagne électorale, et il avait besoin de la presse. » Dès la parution de l'article, l'hebdomadaire publie pourtant des excuses publiques sur son site web. « L'article était fort bien écrit et très respectueux du président. Ce n'était pas un dérapage de notre part. Mais quand on marche sur le pied de quelqu'un, il n'y a pas de honte à s'excuser », conclut Alain Genestar, avant de se reprendre : « Aujourd'hui, publier ce genre d'excuses, je me dis que ce n'était peut-être pas la meilleure idée. » Un tel communiqué est en effet inédit dans l'histoire du magazine. Plusieurs membres de la rédaction choisissent d'ailleurs de s'en désolidariser. « On ne va quand même pas s'excuser d'avoir fait une bonne enquête[9] ! » s'exclame l'un d'eux, qui ne supporte pas cette pression directe du pouvoir sur le travail des médias. Alain Genestar, lui, est tiraillé : « Je comprenais cette partie de la rédaction. Mon job était de diriger un journal, donc j'assumais d'avoir commandé ce reportage. Et en même temps,

7. *Libération*, 1er septembre 2020.

8. Entretien avec l'auteur, *op. cit.*

9. *Libération*, *op. cit.*

pour le bon fonctionnement du magazine, je ne pouvais pas envisager de ne plus avoir le président en interview. »

L'affaire prend une autre ampleur quand, à la mi-août, une équipe de Canal + décide de se rendre directement sur place, au *Royal Palm*, pour mettre en images l'article de *Paris Match*. Mais les caméras du reporter du John Paul Lepers se voient interdire l'entrée de l'hôtel cinq étoiles, et doivent se contenter de faire témoigner d'autres vacanciers. Au bout de quelques heures de tournage seulement, le directeur de l'établissement, Jean-Pierre Chaumard, réclame les cassettes, fait fouiller la voiture des journalistes, et confisque quelques bobines. Il appelle même Pierre Lescure, président de la chaîne cryptée, pour lui ordonner de ne rien diffuser. Le reportage – ou du moins les images qu'il en reste – sera tout de même programmé dans le numéro de rentrée de l'émission "Nulle Part Ailleurs", suivie par des millions de téléspectateurs. Jacques Chirac et Jean-Pierre Chaumard fulminent. Mais pourquoi le patron du *Royal Palm* avait-il tant à cœur de protéger le président ? Peut-être parce que celui-ci lui avait offert, peu de temps auparavant, une clinquante Légion d'honneur...

De son côté, *Paris Match* a fini par se réconcilier avec le locataire de l'Élysée. « Pendant quelques mois, il nous battait froid. Puis un jour, je suis allé le voir dans son bureau au Palais, pas pour m'excuser, mais pour renouer le contact. Je m'étais déjà retrouvé à plusieurs reprises face à lui, mais cette fois, il se montrait tendu[10] », se remémore Alain

10. Entretien avec l'auteur, *op. cit.*

Genestar. Face au silence du chef de l'État, il entame alors la conversation : « Parlons de ce qui s'est passé, Monsieur le président. Mais comme j'écris toujours ce que je pense de vous, dites-moi ce que vous pensez de moi ! » « Vous êtes comme Tony Blair : à vous écouter, il faudrait toujours faire des réformes », lui répond celui-ci. « Eh bien, si moi je suis Tony Blair, vous, vous êtes Margaret Thatcher. » Jacques Chirac se lance alors dans une longue tirade sur les réformes du plan Juppé, qui avaient mené à de très longues grèves en 1995, mais aussi sur la passion qu'il a de son métier. « En l'écoutant, je me suis dit, dans mon for intérieur, que c'était un bon président », achève Alain Genestar.

La hache de guerre était donc bel et bien enterrée. Après cet épisode tumultueux, les relations entre l'hebdomadaire et Jacques Chirac redevinrent aussi cordiales qu'elles l'étaient auparavant. Comme quand, quelques mois avant l'incident de l'île Maurice, le dimanche de Pâques, le président s'était prêté à une séance photos à Brégançon avec son petit-fils Martin. « L'art d'être grand-père », titrait le magazine, alors que l'on voyait le chef de l'État, en baskets et gilet à grosses mailles, donnant la main à ce bambin de seulement 4 ans. Des clichés simples et authentiques qui avaient, cette fois-là, été validés par la communication élyséenne.

Sans chemise, sans pantalon

À Brégançon, les dimanches matin sont souvent pieux. En séjour dans le fort républicain, le couple Chirac a pour habitude d'assister à la messe célébrée en l'église Saint-Trophyme de

Bormes-les-Mimosas. Chacune de leurs venues à l'office dominical est un événement en soi, qui rameute des centaines de croyants et de curieux sur le parvis de l'édifice. « Ça me ramenait un monde fou, les dimanches où le président était là. À l'intérieur de l'église, on était serrés comme des sardines, et à l'extérieur, j'avais même dû installer une sono[11] », se remémore le père Didier Hascoët, curé de la paroisse de 1995 à 2001. La première fois, l'écclésiastique fait la connaissance de Bernadette Chirac, plutôt dévote, qui lui promet de revenir la semaine suivante, cette fois accompagnée de son époux. « Puis c'est rapidement entré dans les mœurs. Quand le président passait trois semaines à Brégançon, il venait à l'église tous les dimanches et aussi pour le 15 août. » Le père Hascoët se souvient de Jacques Chirac comme d'un homme accessible et proche des gens : « Quand il vous serrait la main, vous aviez l'impression d'être seul au monde[12]. » Un jour, après l'office, le curé veut présenter au président l'un de ses amis, tétraplégique et en fauteuil roulant à la suite d'un accident de voiture. « Jacques Chirac s'est approché de lui et s'est agenouillé pour lui parler. Il n'est pas resté debout. Alors qu'il n'y avait pas de caméra. Et ça, ça veut dire beaucoup. C'est très rare. Ça m'a beaucoup marqué[13]. »

Quand le président est présent, le père Hascoët offre l'apéritif à tous les fidèles. Sur la place baptisée à la mémoire de

11. Entretien avec l'auteur, 18 août 2020.

12. *Ibid.*

13. *Ibid.*

Georges Pompidou, Jacques Chirac reste parfois une heure ou deux, à boire du rosé, manger de l'anchoïade, la spécialité locale, et discuter avec tout le monde. Le prêtre se souvient de nombreux échanges passionnants avec le président, même si ensemble ils n'abordaient jamais de questions politiques. Au fil des étés, une certaine complicité se crée entre l'homme d'Église et l'homme d'État. Durant l'une de ses homélies, le premier ose même imiter le second. « Je l'imite plutôt bien, et ça l'a fait sourire[14] », s'amuse Didier Hascoët en y repensant. Lors d'une messe de Noël, que les Chirac passaient exceptionnellement à Brégançon, le curé avait invité le président à contempler sa crèche. Tous deux s'émerveillaient devant la finesse des santons provençaux, jusqu'à ce que le religieux fasse remarquer qu'il avait placé l'enfant Jésus à côté du boeuf, alors que sévissait au même moment la crise de la vache folle. Jacques Chirac n'avait pas pu se retenir de rire.

La Première dame a, elle aussi, beaucoup d'estime pour l'ecclésiastique, qu'elle soutient dans la restauration de Saint-Trophyme. À deux reprises, elle l'invite à déjeuner au fort. Didier Hascoët n'oubliera jamais l'un de ces repas, puisque Jacques Chirac avait tenu à lui servir une choucroute, « alors que nous étions à la mi-août, et qu'il faisait plus de trente degrés[15] ».

Un dimanche matin, le 5 août 2001 précisément, quelques heures avant la messe, trois photographes se postent sur la

---

14. *Ibid.*

15. *Ibid.*

plage en contrebas du fort. Ils espèrent capturer quelques clichés des Chirac, plus que discrets depuis leur arrivée à Brégançon. Enfermé derrière ces hauts remparts, le président ne se prête que rarement aux regards inquisiteurs. Il ne sort d'ailleurs que pour aller à l'église, préférant, le reste du temps, travailler dans son bureau et faire la sieste au soleil. Jacques Chirac n'est ni un sportif ni un randonneur, plutôt un adepte de la chaise longue. Ce matin-là, les Chirac ont promis de se rendre à Saint-Trophyme. Une aubaine pour les photographes qui auront enfin quelques images à se mettre sous la dent. « On n'était pas des paparazzi, on ne se cachait pas. Le service de sécurité savait qu'on était là[16] », explique Stéphane Ruet, qui travaillait à l'époque pour l'agence Sygma. « Je revenais juste d'Afghanistan. On m'avait demandé de remplacer un collègue et de suivre le président pendant ses vacances. Comme mes parents partent toujours en vacances au Lavandou, j'avais accepté pour aller les voir en même temps[17] », raconte-t-il. Les premiers baigneurs ne sont pas encore arrivés sur le bord de mer ; les trois photographes sont presque seuls, à attendre que quelque chose se passe. Il est à peine 8 heures quand l'improbable se produit. La fenêtre de la chambre présidentielle s'ouvre en grand, et Jacques Chirac sort sur le balcon, jumelles en main, vêtu d'un simple slip. « Pas un slip chic, mais plutôt le genre avachi[18] », précise *Le Canard enchaîné* qui rapportera l'anecdote, quelques jours plus tard dans ses colonnes. Les photographes sont tellement

16. Entretien avec l'auteur, 17 septembre 2020.

17. *Ibid.*

18. *Le Canard enchaîné*, 29 août 2001.

ébahis par cette soudaine apparition qu'ils en oublient de dégainer leur objectif. Mais le président disparaît aussi vite qu'il avait surgi. Les professionnels se tiennent prêts, appareils fixés cette fois-ci, s'il lui venait l'envie de ressortir. Le voilà qui revient, encore plus dévêtu. Ce n'est plus en caleçon que se présente le président, mais en tenue d'Adam. Les photographes n'en ratent pas une miette, ils mitraillent, font crépiter leurs flashes. Surtout que Jacques Chirac s'éternise, regardant fixement l'horizon. « On ne pouvait pas ne pas prendre cette photo[19] », justifie Stéphane Ruet.

Si le président est sorti sur son balcon de si bon matin, dans le plus simple appareil, c'est pour guetter le yacht de Michael Schumacher. Le champion de Formule 1 a la mauvaise habitude d'amarrer sa villa des mers à quelques kilomètres seulement du piton rocheux présidentiel, parfois même encore plus près, au dire des services de sécurité qui ont tenté de l'en éloigner. Mais le pilote est têtu et se moque bien de la tranquillité du chef d'État français. Il survole même plusieurs fois par jour le fort avec son hélicoptère personnel, bravant toutes les interdictions. Quand il s'ennuie, Jacques Chirac aime donc épier, muni d'une paire de jumelles, cet envahissant voisin, qui n'a pour seul avantage que d'accueillir régulièrement de très jolies femmes à bord de son bateau. Derrière ses lorgnettes, le président peut donc discrètement se rincer l'œil, sans trop fâcher Bernadette. Mais ce matin-là, sa curiosité lui jouait des tours.

19. Entretien avec l'auteur, 17 septembre 2020.

Après avoir longuement pris la pose, sans même s'en apercevoir, Jacques Chirac retourne enfin dans sa chambre. Les photographes restent bouche bée quelques minutes. Jamais ils n'auraient pensé prendre un tel cliché. Mais un problème éthique va rapidement se poser. Peuvent-ils vraiment diffuser des photos aussi « olé olé » du chef de l'État ? Honnêtes, ils avertissent tout d'abord les services de sécurité, « pour qu'ils disent à Claude Chirac de prévenir son père, pour qu'il fasse plus attention[20] ». « Quinze minutes plus tard, c'est les caméras de France 2 qui étaient là, vous imaginez[21] ! », s'exclame Stéphane Ruet. Les trois confrères envoient tout de même les pellicules à leurs agences respectives, sans même avoir vu le résultat. Le numérique n'existait pas encore.

La suite de cette aventure, Stéphane Ruet ne la connaît pas vraiment. Sygma aurait rapidement décidé de ne pas vendre ces images : « Financièrement, ça aurait été intéressant, mais journalistiquement pas du tout. Surtout que l'on était accrédité pour suivre la présidence de la République, donc ça aurait posé problème[22]. » Plusieurs tabloïds étrangers étaient pourtant très intéressés et auraient proposé des sommes folles pour se procurer les précieux clichés. *Paris Match* les aurait également eus en sa possession. « Il y a une rumeur qui circule comme quoi nous aurions acheté ces photos de Jacques Chirac pour les "bloquer", afin qu'aucun journal ne puisse les publier. C'est archi-faux. Je

---

20. *Ibid.*

21. *Ibid.*

22. *Ibid.*

n'ai pas acheté ces photos parce qu'elles n'ont aucun intérêt comme information, comme document, comme photographie[23] », doit alors se défendre Alain Genestar, directeur de la rédaction de l'hebdomadaire à l'époque. « Ces photos arrivent sur le marché, je les regarde et décide de ne pas les publier. Elles étaient trop dégradantes, dignes d'un torchon, ce que n'est pas *Paris Match*[24] », confirme-t-il aujourd'hui, assurant d'ailleurs que Jacques Chirac n'y « était pas nu, mais simplement en slip ». *Le Canard enchaîné* avance que l'Élysée aurait fait pression sur plusieurs journaux pour que rien d'inapproprié ne soit publié, et que Claude Chirac aurait passé de nombreux coups de téléphone à son important carnet d'adresses. La fille du président aurait même tout fait pour que ces images compromettantes soient détruites. Rien ne le confirme, mais une chose est sûre, même vingt ans plus tard, ces photos n'ont jamais fuité, ni dans les pages d'un magazine, ni sur Internet. D'ailleurs, cet épisode aurait pu rester dans le secret de trois photographes postés sur une plage de Brégançon, si *Le Canard enchaîné* ne l'avait pas raconté dans un article au titre bien trouvé : « Le roi est nu ! Panique au château ! »

Pas de canicule au Canada

Le drame était survenu dans la journée du 9 août 2003, et s'était ébruité en quelques heures dans toute la bourgade.

---

23. *Le Monde*, 31 août 2001.

24. Entretien avec l'auteur, 12 octobre 2020.

Le lendemain, l'histoire faisait même la une de la presse locale. Sumo, le bichon maltais blanc de Bernadette Chirac, avait été attaqué en pleine rue par un énorme molosse noir. Plus de peur que de mal, le petit chien-chien en était sorti avec à peine une égratignure, mais sa maîtresse, elle, restait sous le choc. Pour autant, la mésaventure canine n'allait pas gâcher les vacances canadiennes du couple Chirac. Puisque rien, absolument rien, ne pouvait venir les troubler, pas même la canicule qui faisait au même moment suffoquer la France. Réélu l'année précédente avec 82,21 % des suffrages face à Jean-Marie Le Pen, Jacques Chirac avait choisi de s'envoler loin de Paris, pour le Québec, et plus particulièrement l'Estrie, région frontalière avec les États-Unis. Pour les vingt premiers jours d'août, les Chirac avaient donc posé leurs valises dans un charmant hôtel de North Hatley, commune discrète de sept cents âmes qui, au fil des saisons, a su attirer une clientèle chic en mal de calme et de verdure. Même les Clinton goûtent régulièrement à la quiétude des lieux.

Le charme de North Hatley tient à ses nombreuses maisons victoriennes, ses allées entretenues et son lac Massawippi à la surface toujours paisible. Le décor est à ce point idyllique qu'il a plus d'une fois servi au cinéma. Cet été 2003, Johnny Depp y tournait d'ailleurs un film, *Fenêtre secrète*, de David Koep. Mais l'acteur hollywoodien n'était en rien la star du moment, la venue du couple présidentiel français passionnait bien plus les locaux.

« Pourquoi le président, sa femme et leur caniche ont-ils choisi de passer leurs vacances en banlieue de Sherbrooke ? », s'étonne début août Nathalie Petrowski, célèbre journaliste du quotidien québécois *La Presse*. « *L'Auberge Hatley* n'est pas, côté luxe, l'*Oriental* de Bangkok, ni même le *Ritz* de Miami. Côté activités, ce n'est pas le Pérou non plus. Outre la piscine qui surplombe le lac, il n'y a rien d'autre à faire sur sa terrasse que de tourner les pages d'un livre ou de se tourner les pouces tout court », écrit-elle. Le programme du séjour des Chirac à North Hatley n'a en effet rien de palpitant. Le premier jour, la Première dame va chez le coiffeur, épiée par les médias locaux qui n'ont visiblement rien de plus croustillant à se mettre sous la dent, puis faire du shopping – ou plutôt du *magasinage* comme disent les Québécois – à Montréal. Le lendemain, le couple parcourt plus de 200 kilomètres pour rendre visite à Jean Chrétien, Premier ministre canadien, dans sa résidence secondaire de Mauricie. La presse est encore au rendez-vous et obtient même une déclaration du président Chirac. Un mot sur les températures inquiétantes en France ? Non, il exprime simplement sa solidarité envers les victimes des incendies qui font alors rage dans l'ouest du Canada. Le 7 août, les journaux de Sherbrooke rapportent l'incident du bichon maltais sauvagement agressé, et le 8, le dîner des Chirac chez Jean Charest, alors Premier ministre du Québec. Puis silence radio. Le président et son épouse, dont les vacances étaient jusqu'alors médiatisées, se font totalement absents. Une disparition qui laisse place à toutes les rumeurs.

Pendant ce temps en France, le thermomètre s'emballe. Des températures supérieures à 40 degrés sont relevées dans de nombreuses régions, notamment en Bretagne, ce qui n'était jamais arrivé depuis le début de la météorologie, s'inquiètent les prévisionnistes. Sur les plages, les aoûtiens grillent sous un soleil de plomb. Au bord des piscines, c'est la ruée à la fraîcheur. *A contrario* dans les hôpitaux, l'heure n'est pas du tout au repos. Les services d'urgences sont surchargés, tout comme les brigades de sapeurs-pompiers qui multiplient les interventions. Dans les maisons de retraite, les anciens agonisent face à cette chaleur que même leur grand âge ne leur avait pas permis de connaître. Patrick Pelloux, président de l'Association des médecins urgentistes hospitaliers de France, encore inconnu du grand public, tente d'alerter les autorités. Il assure que cette canicule est plus que meurtrière – on parle alors de plusieurs centaines de décès –, mais en l'absence de statistiques fiables, personne ne veut l'entendre.

Surtout que le gouvernement de Jean-Pierre Raffarin est parti en congés, et ne semble pas saisir l'ampleur de cette tragique actualité. Les seuls échos qui proviennent du sommet de l'État minimisent la situation. Le 11 août, Jean-François Mattei, ministre de la Santé, consent enfin à accorder une interview au "20 heures" de TF1, sur les conseils de son chargé en communication qui sent le scandale poindre. Mais il apparaît à l'écran vêtu d'un polo, à l'ombre d'un arbre au fond du jardin de sa résidence secondaire. Sa seule annonce se résume à la mise en place d'un numéro vert, et à une tentative de justification : « Je ne pense pas du tout qu'il y ait eu une sous-estimation. Pour sous-estimer, il faut être averti, or cette canicule n'était pas prévisible », se dédouane-t-il. L'image ne passe pas, et le ministre est accablé par les critiques. « Au cœur de la crise, j'étais totalement inaudible. Il fallait un responsable, il fallait un bouc émissaire, et c'est moi qui ai joué ce rôle », s'est-il expliqué des années plus tard au micro d'Europe 1.

Mi-août, le nombre de morts lié à la canicule ne cesse d'augmenter : entre mille cinq cents et trois mille, selon le gouvernement contraint de donner enfin des estimations. Jean-Pierre Raffarin interrompt ses vacances en Haute-Savoie pour organiser une réunion de crise à Matignon et déclencher le « Plan Blanc ». Mais de l'autre côté de l'Atlantique, Jacques Chirac est toujours silencieux et même introuvable. À croire qu'il serait parti en catimini de North Hatley. Plus personne ne l'y croise, ni lui ni Bernadette. Interrogé par *Le Monde*, le maire de la municipalité insinue que le couple aurait peut-être quitté l'*Auberge Hatley* le 15 août, alors que le président y était officiellement en vacances jusqu'au 19[25]. Claude Chirac, fille et zélée conseillère du chef de l'État, assure pourtant que ses parents n'ont quitté la commune québécoise que le 19, par un vol régulier Air France, et auraient même dîné au restaurant *La Rose des vents* la veille de leur départ. À l'*Auberge Hatley*, cossu Relais & Châteaux connu pour sa discrétion, aucun employé ne veut bien entendu corroborer ou contredire l'information.

Les plus folles rumeurs courent alors sur la pseudo-disparition du président. Sa villégiature au Canada n'était-elle donc qu'un alibi ? Certains prétendent qu'il se serait envolé pour un séjour plus ensoleillé aux Caraïbes. D'autres assurent qu'il aurait rejoint les États-Unis, tout proches, pour se payer quelques opérations de chirurgie esthétique dans le plus grand secret. Les Guignols de l'Info s'en amusent et relaient cette hypothèse.

---

25. *Le Monde*, 18 septembre 2003.

Général de Gaulle

◂ Avec Anne de Gaulle, sur la plage de Bénodet, 1933.

▾ Avec sa fille Élisabeth et son gendre Alain de Boissieu, dans le jardin de la Boisserie, vers 1952.

Georges Pompidou

▲ De gauche à droite, de haut en bas :

Avec Claude Pompidou à Saint-Tropez, 1963.
© André Sartres/ParisMatch/Scoop

À Fouesnant, 1965.
© François Pages/ParisMatch/Scoop

Près de Carnac, 1968.
© Jean-Claude Sauer/ParisMatch/Scoop

◄ Au fort de Brégançon, 1970.
© AGIP / Bridgeman Images

Valéry Giscard d'Estaing

▲ En famille, sur la Côte d'Azur, à Antibes, 1963.
© Patrice Habans/ParisMatch/Scoop

▲ Dans le Midi, chez des amis, à la Villa Primavera à Saint-Jean-Cap-Ferrat, 1974.
© Jack Garofalo/ParisMatch/Scoop

François Mitterrand

▲ Dans sa maison à Hossegor, 1969.

◂ À Latche, 1974.

Jacques Chirac

▲ Avec sa fille Claude, à Auron, 1974.
© AGIP / Bridgeman Images

Avec Bernadette et Claude,
à Saint-Jean-Cap-Ferrat, 1987.
© Lorieux/Sipa

◀ Avec Bernadette Chirac,
à Saint-Barthélemy, 1991. © DR

Nicolas Sarkozy

▲ Avec Carla Bruni-Sarkozy au fort de Brégançon, 2011. © DR

▲ Au cap Nègre, 2016. © Alain Robert/SIPA

▼ Avec Ginette Rei, la propriétaire de l'hôtel *Les Mimosas*, à Rayol-Canadel-sur-Mer, 2013. © AlainRobert/Apercu/Sipa

François Hollande

▲ Avec Valérie Trierweiler, au fort de Brégançon, 2012. © Bestimages

▲ Avec Valérie Trierweiler, à Porquerolles, 2012. © Alain Robert/Apercu/Sipa

▼ Valérie Trierweiler, sur son vélo, au pavillon de la Lanterne, 2013. © DR

Emmanuel Macron

▲ Avec Brigitte Macron accueillant la chancelière allemande Angela Merkel, au fort de Brégançon, 2020. © Christophe Simon / Pool/Sipa

▼ À Bormes-les-Mimosas, 2018. © Acabapress

Ce n'est que deux jours après son retour, le 21 août, que le président fait une déclaration solennelle, à l'issue du conseil des ministres de rentrée. Il y rend hommage aux « professionnels et bénévoles qui se sont mobilisés durant cette période » et tire des leçons des conséquences tragiques de cette canicule. « Il est nécessaire que notre société devienne plus responsable, plus attentive aux autres, à leur désarroi, à leur souffrance, à leur vulnérabilité », conclut-il. Derrière leur écran, les Français n'ont que faire de cette moralité que leur sert le président après la bataille – on dénombre alors près de quinze mille décès survenus du 1er au 20 août –, mais ils remarquent surtout son visage incroyablement bronzé. La météo n'était pourtant pas si clémente à North Hatley… Début septembre, lors d'un déplacement à Auxerre, Jacques Chirac est scruté sous toutes les coutures par les journalistes en quête d'un quelconque changement plastique. Rien. Le président ne reviendra, quant à lui, jamais sur cet épisode qui a entaché son mandat. Il ne lui dédiera pas même une ligne dans ses mémoires.

Un retour de vacances agité

C'est une rentrée dont Jacques Chirac se serait bien passé. En juin 1997, il avait eu l'idée saugrenue – ou, dirons-nous, abracadabrantesque – de dissoudre l'Assemblée nationale, afin de s'offrir une « majorité ressourcée ». Enfin, c'est ce qu'il croyait. Ce coup de poker, inédit dans l'histoire de la Cinquième République, s'était retourné contre lui. La gauche plurielle avait obtenu une nette victoire, obligeant le président de droite à nommer un Premier ministre socialiste, en la personne de Lionel Jospin. Une erreur stratégique, voilà ce qu'avait fait ce vieux loup de la politique, qui se pensait pourtant à l'abri des faux pas de débutant. Fin juillet, il part donc en vacances encore vexé, d'abord sur l'île de La Réunion, puis sur l'île Maurice, où il a ses habitudes. Il y reste trois semaines, n'ayant pas hâte de retrouver Paris, le ciel gris, et cette cohabitation qui n'annonce rien de bon. Jacques Chirac aurait en effet mieux fait de rester les doigts de pieds en éventail sous les cocotiers, car cette fin d'été allait être plus qu'agitée, voire dramatique.

Le 30 août 1997, vers 15 heures, l'avion privé du richissime homme d'affaires égyptien Mohamed al-Fayed atterrit à l'aéroport du Bourget. En descendent, sous le crépitement des flashes, son fils, le milliardaire Dodi al-Fayed, et la nouvelle conquête de celui-ci, inconnue pour personne, bien au contraire, puisqu'il s'agit de Lady Diana. Divorcée du prince Charles depuis plusieurs mois, l'ex-altesse royale a passé l'été loin de Londres. Bosnie, Côte d'Azur, Monaco, Portofino... Ses vacances avaient semblé sans fin, suivies avec assiduité par la presse, comme un feuilleton. En juillet, la princesse de Galles avait quitté l'Angleterre totalement éprise d'un chirurgien, un certain Hasnat Khan, qu'elle rêvait d'épouser. Quelques jours plus tard pourtant, elle était photographiée, à bord d'un yacht en Méditerranée, dans les bras d'un autre. Et c'est avec lui qu'elle rentrait désormais au Royaume-Uni. Mais Dodi al-Fayed avait insisté pour faire une dernière escale à Paris. Il veut y faire visiter à Lady Di la demeure qui pourrait devenir leur petit nid d'amour : la *Villa Windsor*, grande maison bourgeoise à l'orée du bois de Boulogne, dans laquelle ont longtemps habité Édouard VIII, ancien roi déchu, et Wallis Simpson, l'Américaine divorcée pour laquelle il avait choisi d'abdiquer. Aussi, Dodi a une idée derrière la tête. Il compte acheter chez le joaillier Alberto Repossi, situé place Vendôme, une bague de fiançailles que Diana a repérée pendant leur séjour à Monaco. Surmonté d'une véritable étoile de diamants, l'incroyable bijou est baptisé « Dis-moi oui ». Son intention ne peut être plus claire.

En début de soirée, après une virée shopping sur les Champs-Élysées, Diana veut dîner *Chez Benoît*, un bistrot chic dans le Marais. Mais devant le restaurant, des dizaines de paparazzi font le pied de grue. Le couple se retranche alors au *Ritz*, établissement appartenant à la famille al-Fayed.

Il est minuit passé, ce tristement célèbre 31 août 1997, quand la Range Rover de Dodi quitte le palace parisien. Elle est suivie quelques minutes plus tard par une seconde voiture noire, une Mercedes, prise en chasse par quelques journalistes. Mais Lady Diana, que guettent ce soir-là tous les photographes, ne se trouve dans aucun de ces deux véhicules. Au même moment, elle s'engouffre, avec Dodi, dans une autre Mercedes stationnée discrètement à l'arrière de l'hôtel. Les paparazzi, habitués à ce genre de stratagème, ne se laissent pas duper et poursuivent immédiatement la berline qui transporte la princesse des cœurs. La suite, on la connaît. M. Paul, le chauffeur, roule à vive allure, tentant de semer cette presse trop curieuse. Le compteur affiche plus de 150 km/h. Il pénètre dans le tunnel du pont de l'Alma à toute vitesse, perd le contrôle du véhicule, freine, mais trop tard. La Mercedes 280 S percute de plein fouet un pilier. Des cris, des klaxons qui résonnent, puis des sirènes d'ambulances...

Dans un bureau de la rue Vanneau, près de Matignon, Pierre-Alain Muet, conseiller économique du Premier ministre Lionel Jospin, est de permanence ce soir-là. Il a déjà passé de longues heures à gérer le débarquement d'un commando d'indépendantistes d'Anjouan à Mayotte, et s'apprête donc à aller s'assoupir un peu. Mais son téléphone sonne de nouveau. Au bout du fil, le cabinet du préfet l'informe qu'un accident d'une rare violence s'est produit dans le tunnel de l'Alma, et que la princesse de Galles fait partie des blessés. L'horloge indique 1 h 30, il consigne cette information dans son cahier de permanence, sans vraiment en saisir l'ampleur[26]. Il décide même de retourner se coucher, mais est immédiatement réveillé par un nouvel appel, puis un second et encore un troisième Il ne raccrochera pas de toute la nuit. Le premier responsable prévenu est Jean-Pierre Chevènement, le ministre de l'Intérieur, qui se rend immédiatement à l'hôpital de la Pitié Salpêtrière, où a été transférée Lady Diana inconsciente. Il y est rejoint rapidement par l'ambassadeur de Grande-Bretagne, Michael Jay, qui s'est chargé d'avertir Tony Blair, mais également Élisabeth II, alors en vacances dans son château écossais de Balmoral. De son côté, Pierre-Alain Muet cherche à joindre Lionel Jospin, alors en déplacement à La Rochelle, pour y tenir le lendemain un discours très attendu à l'université d'été du Parti socialiste. Le Premier ministre dort, et ne sera

26. Interview de Pierre-Alain Muet à *L'Est Républicain*, 27 août 2017.

réveillé que quelques heures plus tard, une fois le décès de la princesse de Galles confirmé par le professeur Riou, chargé du service de réanimation. La terrible nouvelle commence à se répandre dans les médias, mais à l'Élysée, le président est introuvable. « Pendant plusieurs heures, nous avons cherché à joindre le président de la République, afin de coordonner l'action de l'exécutif français ; en vain[27] », se souvient Aquilino Morelle, à l'époque conseiller de Lionel Jospin, dans son livre *L'Abdication*. Les services du palais certifient que le chef de l'État dort en effet… mais pas dans son propre lit. Bernadette Chirac est loin d'être crédule, et sait pertinemment que son époux passe la nuit aux côtés d'une autre. Des maîtresses, on lui en prête alors beaucoup. Journalistes, collaboratrices, artistes... Ce soir-là d'ailleurs, le président se trouvait visiblement avec Claudia Cardinale. C'est en tout cas ce que révélera des années plus tard son chauffeur, Jean-Claude Laumond, dans son ouvrage *Vingt-cinq ans avec lui*, qui fera grand bruit. L'actrice du *Guépard*, elle, démentira toujours la rumeur.

Au petit matin, Jacques Chirac est toujours injoignable. « Jamais nous n'avons réussi à contacter le chef de l'État. Jamais nous n'avons évoqué publiquement cette absence. Jamais Lionel Jospin ne s'est servi d'un tel argument[28] », assure Aquilino Morelle. Au petit matin, le Premier ministre revient donc à Paris, pour faire une déclaration, avant de retourner dans la journée à La Rochelle. À l'hôpital de la

---

27. Aquilino Morelle, *L'Abdication*, Grasset, 2016.

28. *Ibid.*

Pitié-Salpêtrière, où une foule d'anonymes en larmes s'est déjà massée, il retrouve Bernadette Chirac qui, en sa qualité de Première dame, n'a pas d'autre choix que d'aller s'incliner elle-même devant la dépouille de Lady Di. Son président de mari, lui, se croyait visiblement encore en vacances.

Nicolas Sarkozy

Un barbecue chez les Bush

Ni la boulangère, ni l'épicière ou encore le garagiste ne savaient vraiment qui il était. Quand ils avaient appris que le président français allait venir passer ses vacances, ici, à Wolfeboro, bourgade sans histoire du New Hampshire, ils croyaient voir débarquer Jacques Chirac, dont ils avaient vaguement entendu parler. Nicolas Sarkozy ? Ils ne le connaissaient pas encore. Pourtant, son séjour au bord du lac Winnipesaukee, attraction de la région, allait bousculer leur petite vie pendant quelques semaines.

Pour ses premières vacances en tant que chef d'État, Nicolas Sarkozy était attendu au tournant. Tout juste après son élection, au soir du 6 mai 2007, il était parti se ressourcer – il avait même prononcé le mot « retraite » – à bord du yacht de son ami, le milliardaire Vincent Bolloré. À la veille de son investiture à l'Élysée, il avait donc été aperçu au large de l'île de Malte dans ce bateau au luxe ostentatoire. « On n'a jamais vu, à ce point, quelqu'un qui affiche de façon très provocatrice le goût de l'argent et sa proximité avec les milieux d'affaires, à peine élu », avait critiqué Vincent Peillon, porte-parole de la candidate malheureuse de la gauche, Ségolène Royal. Après une soirée de victoire organisée dans le très chic *Fouquet's*, le président élu annonçait en effet la couleur de son mandat. Ce côté *bling-bling* qui lui sera reproché jusqu'au bout. Alors, le premier été de l'ère sarkozyste serait-il aussi fastueux ?

« Il y aura du décalage horaire », avait prévenu Franck Louvrier, chargé de la communication de l'Élysée. Nicolas Sarkozy n'irait donc pas à Brégançon, contrairement à Jacques Chirac qui, symboliquement, y avait passé ses premières vacances en 1995 et ses dernières en 2006. Sans autre indice, le nouveau président avait décollé, le 2 août, direction les États-Unis. « Au revoir Paris, hello Wolfeboro », titrait le même jour le *Boston Globe* qui, contrairement aux médias français, avait été avisé de la venue de Nicolas Sarkozy. Dans les rédactions parisiennes, personne ne connaissait ce patelin paumé, bordé de forêts, de collines et d'étendues d'eau. « Bienvenue à Wolfeboro, plus ancien lieu de villégiature des États-Unis », annonce la pancarte aux lettres blanches – tout droit sortie de la série *Twin Peaks* –, plantée au bord de la seule route qui y mène. « Wolfeboro a été décrit comme une station huppée. Ce n'est pas tout à fait ça. C'est plutôt un petit village ordinaire avec quelques bonnes familles et une poignée de gens très riches qui aiment penser qu'ils passent leurs vacances dans un petit village ordinaire[1] », explique la journaliste Guillemette

1. Guillemette Faure, *Mes vacances ratées avec Nicolas Sarkozy, Wolfeboro…*, Éditions Ramsay, 2008.

Faure, qui avait à l'époque suivi le président pour *Le Figaro*. La légende veut que Marilyn Monroe y ait séjourné, ainsi que le prince Rainier et Grace de Monaco. Mais Wolfeboro est loin d'être l'eldorado des célébrités.

Baptisée ainsi en l'honneur du général britannique James Wolfe, mort sur le champ de bataille durant la guerre de la Conquête à Québec en 1759, cette bourgade de six mille habitants n'est pas très animée. Quelques boutiques de souvenirs, un magasin de vêtements de sport, un libraire, un glacier, deux ou trois pubs… « C'est la Nouvelle-Angleterre d'une autre époque[2] », résume Guillemette Faure. Les Sarkozy n'allaient-ils pas s'y ennuyer pendant quinze jours ?

Cécilia Sarkozy a choisi cette destination pour partir loin, très loin, de Paris et de ce palais de l'Élysée dont elle se sent prisonnière. Depuis plusieurs mois déjà, le couple présidentiel bat de l'aile. Les rumeurs de rupture sont de plus en plus persistantes, et même la presse dite sérieuse s'en fait l'écho. La Première dame déserte régulièrement le domicile conjugal, pour retrouver sa si précieuse solitude ou un autre homme. En 2005, alors que Nicolas Sarkozy était ministre de l'Intérieur, *Paris Match* avait prêté à son épouse une liaison avec l'homme d'affaires Richard Attias. Celui-là même qu'elle épousera effectivement en mars 2008. Pour tenter de sauver son mariage plus qu'à l'agonie, Nicolas Sarkozy accepte donc de partir aux États-Unis, comme le lui réclamait Cécilia. « J'aurais pu m'y opposer. Je ne l'ai

2. *Ibid.*

pas fait. […] L'idée était maladroite politiquement et, de surcroît, elle ne fit qu'accélérer la dégradation de nos rapports[3] », regrette-t-il aujourd'hui. Si la Première dame tient tant à aller à Wolfeboro, c'est parce que son amie Agnès Cromback, présidente du joaillier Tiffany-France et héritière d'une famille de bijoutiers lyonnais, l'y a invitée. Roberto et Mathilde Agostinelli sont également présents : lui est un ancien de Goldman Sachs qui a monté son propre fonds d'investissement à New York, elle est responsable de la communication de Prada-France. Si tous sont, à l'origine, des amis de Cécilia, ils préfèreront, après le divorce, se ranger du côté du président.

Ce petit groupe de nouveaux riches ne risque pas de manquer de place dans la villa où il réside, puisqu'elle est vaste de deux mille mètres carrés. Huit chambres, onze salles de bains, un hall cathédrale, un jacuzzi, une salle de cinéma et une salle de jeux. Rien ne manque, pas même la machine à pop-corn ou encore le garage à bateaux où l'on en trouve trois laissés à disposition des locataires. L'intérieur est décoré dans un esprit très canadien – Wolfeboro n'est qu'à une centaine de kilomètres de la frontière –, avec des têtes de cerfs empaillées dans le salon, des fauteuils en cuir, une cheminée en pierres et du lambris pour réchauffer l'atmosphère. La maison est isolée, à cinq kilomètres du centre-bourg, au milieu des érables et au bord du lac Winnipesaukee (qui signifie « le sourire du grand esprit » en indien). Elle dispose même de sa propre plage privée. Le prix de cette tranquillité ?

---

3. Nicolas Sarkozy, *Le Temps des Tempêtes*, Éditions de l'Observatoire, 2020.

Vingt-deux mille euros la semaine, « dix fois plus que le prix moyen des locations du village[4] », précise Guillemette Faure. Le propriétaire de la villa n'a pourtant pas besoin d'argent : Michael Appe est un ancien dirigeant de Microsoft, dont la fortune donne le tournis.

Mais qui a donc payé cette location au tarif exorbitant ? Les Sarkozy ou les Français ? Pendant quinze jours, les journalistes tentent de trouver la réponse à cette question, mais le coût des vacances présidentielles reste un secret bien gardé. Interrogé sur le sujet, le porte-parole de l'Élysée, David Martinon, répète : « Nous ne sommes pas au courant. D'ailleurs, cela relève de sa vie privée. » Alerté qu'une enquête est menée par les reporters du *Monde*, Raphaëlle Bacqué et Ariane Chemin, Nicolas Sarkozy les appelle lui-même à la fin de ses vacances, leur expliquant que la villa a « été louée par nos amis, les Cromback et les Agostinelli, qui nous ont invités à y séjourner avec nos enfants[5] ». Arnaud Montebourg, ancien porte-parole de la campagne de Ségolène Royal, dénonce dans la presse des vacances « payées par des multimillionnaires ». « J'ai le droit d'avoir des amis ! », risposte Nicolas Sarkozy.

« Neuf cent mille Français partent chaque année aux États-Unis, je suis l'un d'entre eux », s'enthousiasme le président qui se dit ravi de découvrir « l'Amérique profonde, celle que l'on aime ». Sauf que Wolfeboro – « population

4. Guillemette FAURE, *Mes vacances ratées avec Nicolas Sarkozy, Wolfeboro…*, *op. cit.*

5. *Le Monde*, 18 août 2007.

blanche à 99 %, pas de café Starbucks, pas de McDo[6] » – n'est pas très représentatif du reste du pays. Aussi, Nicolas Sarkozy ne peut pas en voir grand-chose, puisqu'il ne sort que très rarement de la villa et de ses environs. Les journées à Wolfeboro se suivent et se ressemblent. Tous les matins, le président fait un long footing dans les bois, puis emmène son fils Louis pour une promenade en canoë sur le lac. Les après-midi sont dédiés à la baignade, à la pêche ou au ski nautique, que la joyeuse bande d'amis pratique en dehors des zones réservées à cette activité. Quand il pleut, le père et le fils vont louer des DVD au videostore du coin, tandis que Cécilia fait du shopping dans les rares magasins de la ville. Pour s'occuper, Nicolas Sarkozy pond des communiqués par dizaines, envoyés aux rédactions parisiennes, commentant tous les faits d'actualité, du contrat de ventes d'armes signé entre le groupe européen EADS et la Libye à la mort du musicien Art Davis ou celle du journaliste Henri Amouroux. La parole présidentielle n'a jamais été plus abondante que durant ces vacances américaines. Puis, dès qu'il s'ennuie trop, il repart courir, marathonien dans l'âme, casque vissé sur les oreilles, d'où sort la voix d'Elvis ou de Didier Barbelivien.

Ces courses quotidiennes sont l'occasion de se mettre en scène, comme quand Valéry Giscard d'Estaing faisait quelques brasses pour satisfaire les photographes. Tout transpirant dans son tee-shirt à logo NYPD (celui de la police new-yorkaise), Nicolas Sarkozy s'arrête serrer la main des journalistes qui attendent son passage à l'orée du bois.

6. Guillemette Faure, *Mes vacances ratées avec Nicolas Sarkozy, Wolfeboro...*, *op. cit.*

Quelques jours après son arrivée, il organise même un point presse, dans un parc avec vue sur le lac. En chemise blanche et mocassins, le président se donne en spectacle devant les médias français mais aussi américains. À ces derniers, il baragouine quelques mots en anglais, avant de s'excuser pour son « *english so bad* ». Il raconte des banalités, puis conclut la conférence ainsi : « Après vous pourrez profiter du lac ou rentrer à Paris[7]. » Voilà, le patron a parlé, il considère qu'il s'est assez livré et qu'il peut désormais continuer ses congés sans être épié. Mais les médias ont changé depuis les années Pompidou et ne peuvent plus se contenter d'une simple mise-en-bouche des vacances présidentielles. Ils doivent désormais alimenter quotidiennement des sites internet toujours plus gourmands en dépêches et en scoops.

Dès le lendemain, la bulle d'intimité réclamée par Nicolas Sarkozy éclate. Deux photographes américains, Vincent DeWitt et Jim Cole, louent une vedette pour s'installer en face de la villa de Michael Appe. La veille, ils avaient vu le président et son fils pagayer vers des paparazzi planqués et se livrer joyeusement à leurs objectifs. Eux ne veulent pas se cacher, mais choisissent un point de vue stratégique, qui respecte tout de même la limite de sécurité matérialisée par des bouées. Mais ce que Vincent DeWitt et Jim Cole ne savaient pas, c'est qu'en l'espace d'une journée, le chef de l'État avait décidé qu'il ne se laisserait plus photographier. Quand ce dernier les aperçoit, il entre alors dans une colère furieuse, et commence à les invectiver. « Il parlait de manière

7. *Ibid.*

très excitée en français. Nous lui avons dit que nous ne parlions pas le français, mais cela n'a pas semblé l'émouvoir, car il a continué à parler en français [...]. Il s'est approché de moi, me pointant du doigt, et j'ai plus tard appris qu'il me disait en français qu'il avait demandé aux journalistes, lors de sa conférence de presse, de ne plus le photographier après la conférence[8] », relate le jour-même Vincent DeWitt à Guillemette Faure. Le président, pieds nus, saute alors à bord de leur embarcation et attrape l'un de leurs appareils photo qu'il brandit. « Ce geste m'a beaucoup surpris. À ce moment-là, sa femme – je crois bien que c'était elle, même si je n'en suis pas certain à 100 % – m'a dit calmement, avec un petit sourire, qu'il était très en colère car il pensait avoir clairement organisé les choses pour ne plus être photographié par la presse[9] », continue Vincent DeWitt. Le chef de l'État finit par se calmer, laissant les deux journalistes complètement sidérés par son comportement. C'est que Nicolas Sarkozy en avait décidé autrement : il voulait occuper l'espace médiatique quand bon lui semblait, et cacher son train de vie quand il le souhaitait. L'étonnant coup de sang du président avait rapidement trouvé une explication. Il voulait vraisemblablement dissimuler la présence d'une invitée de dernière minute sur le bateau : la garde des Sceaux Rachida Dati. Quelques semaines plus tôt, cette dernière avait laissé planer le mystère sur sa destination, évoquant de possibles vacances en France. Mais la voilà à Wolfeboro ! Un président conviant l'une de ses ministres dans une maison louée par ses amis millionnaires, c'est

8. *Ibid.*

9. *Ibid.*

encore du jamais vu ! « Il n'y a pas de mystère, je n'ai rien à cacher. Mais je trouve infernal d'avoir eu sans cesse, en face du ponton de la maison, des bateaux couverts de photographes[10] », s'était renfrogné Nicolas Sarkozy à la fin de son séjour.

Footing, ski nautique, vidéoclub... Cette monotonie des vacances a été interrompue à deux reprises, « deux moments de répit[11] », comme les qualifiera ironiquement Nicolas Sarkozy. Apprenant, quatre jours après son arrivée, le décès du cardinal Lustiger, longtemps archevêque de Paris et membre de l'Académie française, il fait un aller-retour express pour assister à ses obsèques à Notre-Dame de Paris. Le président arrive dans la cathédrale, frais, souriant et bronzé, se souciant peu du coût de ce trajet évalué à quatre-vingt-onze mille euros selon *Le Canard enchaîné*. « Je lui devais cette traversée de l'Atlantique, car je voulais m'incliner sur sa dépouille[12] », justifiera le chef de l'État.

Le 11 août, il s'échappe une nouvelle fois de Wolfeboro pour aller déjeuner à quatre-vingts kilomètres de là, à Kennebunkport, dans la résidence personnelle de Bush père. Le président américain, George W. Bush, y passe désormais ses étés, plutôt que dans son ranch texan, certainement pour mettre en scène cet héritage dynastique qui plaît tant à ses électeurs. La résidence de Kennebunkport est une grande

10. *Le Monde, op. cit.*

11. Nicolas SARKOZY, *Le Temps des Tempêtes, op. cit.*

12. *Ibid.*

demeure typique du Maine, posée sur une pointe qui creuse l'océan Atlantique. L'invitation avait à l'origine été adressée par la First Lady Laura Bush à son homologue, Cécilia Sarkozy. Les Bush sont au grand complet pour accueillir le couple présidentiel français : le locataire de la Maison Blanche est là avec son épouse et ses jumelles, mais aussi George H. W. Bush, son père et ancien président, sa mère, Barbara, ainsi que l'ancien gouverneur de Floride, Jeb Bush. Si ce déjeuner est présenté comme décontracté plutôt qu'officiel, un drapeau bleu-blanc-rouge est tout de même hissé sur le toit de la maison. George W. Bush est connu pour son intransigeante ponctualité, pourtant Nicolas Sarkozy arrive avec quarante-cinq minutes de retard, sans Cécilia à son bras. Dans la matinée, la Première dame s'est dite souffrante – une angine blanche visiblement – tout comme ses enfants, eux aussi absents. « Elle consentit à téléphoner à Laura pour l'en avertir. J'étais désolé pour les Bush, et gêné par le comportement de ma femme. C'est ce jour-là que j'ai compris que je ne pouvais plus continuer à fermer les yeux, qu'il faudrait trancher, et que, sans doute, le plus tôt serait le mieux[13] », se souvient Nicolas Sarkozy.

Dans la région du Maine, le homard est plus qu'une spécialité locale, il est une véritable religion. Le président français n'aura pourtant pas l'occasion d'y goûter puisque, pour ce barbecue, les Bush ont prévu des hamburgers et des hot-dogs. « J'étais vraiment au cœur des États-Unis. Je fis honneur aux viandes et aux saucisses qui nous furent servies

13. *Ibid.*

en abondance, et j'étonnai mes hôtes en déclinant les canettes de Coca-Cola fournies, elle aussi, avec profusion. Je n'ai, en effet, jamais bu de cette boisson[14]. » Puis après avoir dégusté une immense glace au café – son dessert préféré qu'on lui a fait spécialement préparer –, Nicolas Sarkozy est invité à une sortie en bateau sur le bien-nommé *Fidelity 3*, avec Bush père et fils. « Le président prit lui-même les commandes. Nous partîmes à très vive allure, je crois n'avoir jamais été aussi vite sur une embarcation. Nous étions sous la surveillance d'un imposant navire de l'armée américaine. Nous prenions tous les virages à la corde. Je devais m'agripper au bastingage pour ne pas tomber. [...] Mieux valait ne pas être sujet au mal de mer, le résultat aurait été garanti ! Je sentais George W. Bush dans son élément. Il y avait une quantité de phoques impressionnante, qui levaient la tête dans un mélange de joie et d'étonnement à notre passage[15] », se remémore le président Sarkozy.

Le lendemain à Wolfeboro, Cécilia Sarkozy est aperçue en train de se promener avec ses amies, puis lézardant sur la plage, miraculeusement guérie. La pseudo-angine de la Première dame n'aurait donc été qu'une énième preuve de l'effondrement du couple présidentiel. Quelques semaines seulement après leur retour à Paris, Nicolas et Cécilia Sarkozy se retrouvent une dernière fois à l'Élysée pour signer les papiers du divorce, en présence de la présidente de la chambre de la famille du tribunal de grande instance de

---

14. *Ibid.*

15. *Ibid.*

Nanterre qui a fait spécialement le déplacement au palais. Dans la soirée, un succinct communiqué avertira les Français de la fin de ce mariage, que des vacances américaines n'ont pas réussi à sauver.

Le tout-à-l'égout du cap Nègre

La réunion était sur le point de se terminer. Tous les sujets majeurs avaient été abordés, de l'embauche d'un nouveau gardien en passant par l'entretien des bosquets, sans oublier le choix des arbousiers à planter entre les allées. Puis Marisa Bruni Tedeschi avait débarqué, en retard, avec à son bras son nouveau gendre. Les présentations n'étaient pas nécessaires : depuis six mois déjà, sa fille, Carla Bruni, avait épousé Nicolas Sarkozy, dans l'intimité du palais de l'Élysée. Ce qui n'avait pas empêché l'événement de faire les gros titres, même au-delà des frontières. Mais voir débarquer le président de la République dans une assemblée générale de copropriété, il y avait tout de même de quoi s'en étonner. En ce mois d'août 2008, il est en vacances dans la villa appartenant à la famille de son épouse, située à la pointe du cap Nègre. Ce domaine privé et barricadé, qui fait fantasmer tous les touristes de passage au Lavandou, abrite une cinquantaine de maisons, toutes aussi superbes les unes que les autres, nichées entre les pins parasols et les chênes-lièges, sur pas moins de vingt-six hectares clos. Chacune a bien évidemment accès à un bout de plage privée, pour pouvoir profiter des fonds marins, réputés extraordinaires aux alentours, sans être importuné par un voisin. Car depuis quelque temps, les copropriétaires de ce petit coin de paradis se déchirent sur une question : l'installation du tout-à-l'égout.

La controverse remonte même à 2002, lorsque la mairie du Lavandou fait réaliser une étude de zonage d'assainissement et conclut que le cap Nègre, qui est dans son giron, ne peut accueillir de fosses septiques, et qu'il doit donc être raccordé au tout-à-l'égout municipal. Des travaux doivent être rapidement ordonnés, mais plusieurs habitants s'y opposent. La plupart des maisons du domaine, construites entre les années 1950 et 1960, sont en effet déjà équipées d'une fosse septique individuelle. Pas celle de Marisa Bruni Tedeschi, bâtie quelques décennies plus tôt, dans les années 1930. La pianiste, qui réside désormais au cap Nègre une grande partie de l'année, milite donc pour que ce raccordement soit effectué rapidement, et ce peu importe le coût. Car justement, bien que plutôt très aisée, la population du cap Nègre n'a pas envie de débourser les quelques millions nécessaires à ce chantier. Beaucoup se disent prêts à investir pour remettre leur fosse septique aux nouvelles normes européennes, mais refusent ce tout-à-l'égout qui leur semble trop contraignant. Le maire du Lavandou avait, un temps, accepté de faire bénéficier le cap Nègre d'un régime dérogatoire, puis s'était finalement ravisé. Enfin, les différents votes sur le sujet, durant les réunions de copropriété, n'ont jamais abouti.

Au cœur de l'été, Nicolas Sarkozy, en sa qualité de gendre plus que de président, intervient donc dans cette querelle de tuyauteries. Le 16 août, le voilà qui fait irruption durant cette assemblée générale et remet la question sur la table. Il a préparé ses arguments qu'il croit infaillibles, met en avant les vertus écologiques de l'assainissement, et invoque même l'Union pour la Méditerranée, qu'il vient de créer. Il tente de persuader la cinquantaine de familles résidentes qu'elles ont le devoir de montrer l'exemple. Chef de l'État ou pas, les récalcitrants ne se laissent pas pour autant convaincre. Ils se demandent surtout ce que vient faire l'hyper-président, comme le surnomme alors la presse, dans cette histoire. N'a-t-il pas d'autres chats à fouetter ? Nicolas Sarkozy revient tout juste de Pékin, où il a assisté à l'ouverture des Jeux olympiques, et doit bientôt repartir pour Kaboul, où dix soldats français viennent d'être tués. Entre-temps, il doit régler la crise en Géorgie. Pour cela, il s'est d'ailleurs rendu à Moscou et Tbilissi quelques jours plus tôt, puis a accueilli la cheffe de la diplomatie américaine, Condoleezza Rice, au fort de Brégançon, le 14 août. Au milieu de cette actualité agitée, il trouve pourtant de l'énergie pour se soucier du tout-à-l'égout de sa belle-mère. À l'issue de cette réunion, il convoque même en urgence le maire du Lavandou, le préfet du Var, la directrice de l'équipement ainsi que tous les responsables de l'Association syndicale des copropriétaires. En quelques minutes, le président détaille le cahier des charges et prévient qu'il compte bien faire respecter la loi au cap Nègre. Le raccordement sera fait dans les plus brefs délais, plus la peine de discuter, rompez ! Certains habitants dénoncent alors un « abus de pouvoir ». « Attention, dans cette histoire, M. Sarkozy n'est pas le chef de l'État, mais juste le mari de la voisine[16]… », s'exclame l'un des leaders de la mutinerie. Ces quelques frondeurs sont persuadés que, derrière ce projet de canalisations, la mairie du Lavandou cherche à s'approprier leur sanctuaire si privilégié. Des années plus tard, le dossier n'est toujours pas bouclé, et revient régulièrement devant les

16. *L'Express*, 2 avril 2010.

tribunaux. Le quinquennat du président s'est terminé sans que le moindre coup de pioche ait été donné. Le pouvoir de Nicolas Sarkozy avait donc trouvé ses limites au cap Nègre où il n'était assurément que le « mari de la voisine ».

À l'ombre des cyprès

Si Nicolas Sarkozy s'était autant investi dans cette affaire de robinetterie, c'est qu'assurément, il se sentait au cap Nègre comme chez lui. Après son union avec Carla Bruni, il avait même délaissé Brégançon, pourtant si cher à son prédécesseur, pour s'installer à seulement quelques kilomètres du fort (Le Lavandou étant limitrophe de Bormes-les-Mimosas), dans la villa de sa belle-mère, assez vaste pour accueillir la famille au grand complet, mais aussi tout le service de sécurité. Cette maison était devenue sa résidence secondaire, son Élysée avec piscine. Le *Château Faraghi* avait été bâti entre 1934 et 1937 par André Faraggi, un ancien pilote de l'air, ami de Marcel Dassault et d'Abel Chirac, le père de Jacques, avant d'être vendu, en 1971, à Alberto et Marisa Bruni Tedeschi, qui s'étaient lassés de leur château dans le Piémont. « Mon mari et moi avons découvert cette demeure un soir de pleine lune[17] », se souvient sa propriétaire, éternelle bovaryste. À l'intérieur, rien n'a été déplacé depuis plus de soixante-dix ans. La décoration de l'ancien occupant est restée dans son jus. Un souhait de Virginio, l'aîné de la fratrie Bruni, emporté par le sida en 2006 à l'âge de 45 ans,

17. Entretien accordé à *Vanity Fair*, 21 octobre 2013.

qui a vécu les dernières années de sa maladie dans cet abri azuréen, où même les pires maux semblent plus doux. « Il faisait remplacer à l'identique les objets usés par le temps[18] », raconte Marisa.

Le *Château Faraghi* est donc hanté par quelques fantômes – que Carla Bruni invoque régulièrement dans ses chansons, et que sa sœur, Valeria, actrice et réalisatrice, fait revivre dans ses films –, mais aussi rempli de beaux souvenirs, ceux d'une vie de famille mouvementée et romanesque. L'été, toute la tribu se retrouve dans cet Éden, à l'ombre des cyprès et des citronniers venus d'Italie qui bordent la piscine. Les quatorze chambres de la demeure ont toutes leur terrasse privative, qui donne sur la mer et offre une vue dégagée sur les îles d'Or, autrement appelées les Joyaux de la Méditerranée. Marisa Bruni Tedeschi, artiste elle aussi, coule une retraite paisible dans cet endroit, où passent régulièrement sa vieille sœur Gigi, mais aussi de nombreux amis, les siens ou ceux de ses filles. Stéphane Bern a eu l'occasion d'être invité dans cette maison du bonheur : « C'est une grande villa magnifique de la Côte d'Azur, avec un point de vue vraiment superbe[19] », se souvient-il.

Durant les vacances au cap Nègre, il n'y a pas vraiment de règles. Enfants et petits-enfants vont et viennent comme bon leur semble, et chacun vaque à ses occupations. D'ailleurs, seul le dîner est servi assis à table. Les autres repas se

18. *Ibid.*

19. Entretien avec l'auteur, 5 novembre 2020.

prennent à n'importe quelle heure de la journée : un buffet couvert de victuailles est continuellement dressé, avec des corbeilles de fruits gorgés de soleil, des pizzas cuisinées dans les règles de l'art et des tomates mozzarella bien évidemment. Si ce n'est pas l'Italie, ça en a tout l'air… Pendant ses congés, la Première dame, qui s'est éloignée de la musique le temps de sa nouvelle vie élyséenne, ne lâche pas sa guitare. Elle gratte, fredonne, compose, parfois avec ses amis du show-business qu'elle reçoit pour plusieurs jours, comme Julien Clerc ou Louis Bertignac. De son côté, le président travaille beaucoup, même s'il sait prendre du temps pour souffler et faire du sport : de l'aquagym ou de l'aquabike avec Carla, et surtout du vélo et de la course. Alors que la plupart des résidents du cap Nègre préfèrent faire leur footing dans l'enceinte du domaine, Sarkozy, lui, choisit de sortir pour grimper le col du Canadel, sous les objectifs des paparazzi, auxquels il se prête allègrement.

Après le dîner, pour lequel le président réclame souvent des pâtes à la tomate et au parmesan, ses préférées, les soirées se passent au coin de la cheminée, quand les nuits se rafraîchissent, et devant un bon film. Nicolas Sarkozy ne se lasse pas de revoir *New York-Miami* de Capra, *Bellissima* de Visconti, *Rome ville ouverte* de Rossellini, *Lolita* de Kubrick ou encore *La Passion de Jeanne d'Arc* de Dreyer, qui font partie de ses favoris. Du grand septième art en somme, mais rien d'étonnant, car le président assure, à qui veut l'entendre, qu'il est cinéphile. Ainsi le raconte le journaliste Michel Denisot dans une anecdote plus que savoureuse : lors d'une réception à l'Élysée, le chef de l'État s'enorgueillit auprès du présentateur du “Grand Journal” de ses dimanches après-midi passés avec Carla à manger de la nourriture italienne en dévorant l'œuvre de grands cinéastes. Pour le prouver, il va même chercher une pile de DVD : « Tu vois, tous ces films-là, je les ai vus[20] ! » Michel Denisot remarque pourtant qu'ils sont encore tous sous blister…

Les bains de mer sont évidemment une activité quotidienne des vacances au cap Nègre. Carla Bruni, silhouette parfaite dans un maillot de bain une pièce, joue les sirènes, sous les yeux emplis d'amour de son Nicolas. Valeria Bruni Tedeschi vient parfois faire trempette avec eux. Mais son truc à elle, c'est le ski nautique. Adolescente, elle voulait même en devenir championne, et s'entraînait tous les week-ends. Sa carrière a finalement pris un autre chemin.

L'ambiance du *Château Faraghi* est toujours une grande fête. La porte de la villa est continuellement ouverte aux invités de dernière minute et aux imprévus. Souvent, un couvert supplémentaire est mis sur la table, sait-on jamais… Il est vrai que tout le monde y est le bienvenu, à une seule condition : ne pas raconter à des journalistes ce qui se passe derrière ces remparts, au cœur de ce lieu si intime. « Aucun proche de Carla et Nicolas ne voudra vous parler du cap Nègre[21] », rapporte une amie du couple, peu loquace au téléphone. Le mystère est bien entretenu. Les médias n'y sont donc pas admis, mis à part quelques exceptions. En 1992, le photographe de mode Helmut Newton, kaiser du

20. Michel Denisot, *Brèves de vie*, Fayard, 2014.

21. Entretien avec l'auteur, 20 novembre 2020.

glamour, y avait fait poser Carla, alors supermodel en vogue, en tenue légère, accoudée à un piano à queue. Des années plus tard, l'édition française du magazine *Vanity Fair* a pu également y pénétrer pour un reportage exclusif. « Mes filles ne savent pas que vous êtes ici. Je vous demande de garder le silence sur ce reportage jusqu'à sa publication, car je ne sais pas si elles seraient d'accord[22] », avait alors prévenu Marisa Bruni Tedeschi, en accueillant la journaliste Carla Bardelli. Pourtant, cette demeure n'a pas fini de fasciner la presse.

À sa manière, la villa des Bruni Tedeschi est donc devenue un lieu du pouvoir à part entière, avec ses confidences, ses secrets et même son protocole. Nicolas Sarkozy en fait son « Élysée d'été », dans lequel il s'installe inlassablement pour les vacances durant tout son mandat, et aujourd'hui encore. Dès son premier séjour, il s'y est senti comme chez lui. « Nicolas, c'est le patron. Le premier jour où il s'est assis ici pour dîner sur la terrasse, il s'est placé direct *a capo tavola* [en bout de table], à la place qu'occupait Alberto. Spontanément, il s'est vu en chef de la maison. Il est autoritaire, comme l'était mon mari. Sauf qu'avec mon mari, on pouvait discuter quand ça ne lui plaisait pas. Avec Nicolas, moins[23]… », plaisante Marisa Borini.

Durant les étés de son quinquennat, de grands rendez-vous politiques se sont tenus au cap Nègre. Le président y a ainsi reçu Tony Blair ou encore Saad Hariri. Cette

22. Entretien accordé à *Vanity Fair*, *op. cit.*

23. *Vanity Fair*, août 2017.

réunion avec le Premier ministre libanais, pour évoquer la situation au Proche-Orient, avait été annoncée par l'Élysée et n'avait donc rien d'informel. Son prédécesseur, Jacques Chirac, avec lequel les relations ont souvent été fluctuantes, y a aussi été convié. « Si je vous dresse la liste des politiques qui sont venus ici, elle va faire plusieurs pages[24] », assure Marisa Bruni Tedeschi. En 2009, Rania de Jordanie, alors plus jeune reine du monde, déjeune au cap Nègre « avec le président Sarkozy et Carla », comme le montre un post photo sur son compte Twitter : « Sympa de le voir si en forme et détendu », dit-elle à propos du chef de l'État. Ce jour-là, Bono, leader du groupe U2 et ami de la Première dame, se joint aussi à eux. Ces rencontres inattendues, entre personnalités de milieux différents, font aussi le charme de ce cadre particulier. Jean-Louis Borloo peut d'ailleurs en témoigner, même s'il n'en garde pas forcément le meilleur des souvenirs. En août 2009, alors qu'il est ministre de l'Écologie depuis deux ans, il vient dîner au *Château Faraghi*, avec une idée derrière la tête. Nicolas Sarkozy sonde de potentiels candidats pour – peut-être – remplacer François Fillon à Matignon. Jean-Louis Borloo veut le poste et vient donc lui présenter son plan de conquête. Mais en arrivant, il découvre qu'il n'est pas le seul convive de la soirée. Deux proches de Carla Bruni, en vacances sur la Côte d'Azur, sont également autour de la table : l'acteur Leonardo DiCaprio et le mannequin Naomi Campbell. Le ministre est intimidé par cet entourage hollywoodien et n'ose donc pas s'attarder sur ses ambitions politiques. La suite, on la connaît : François

24. Entretien accordé à *Vanity Fair*, 21 octobre 2013.

Fillon ne sera finalement pas évincé. Ce dernier a d'ailleurs eu droit aux honneurs du cap Nègre, en 2009 également, pour justement réaffirmer son obédience, alors que le vent tournait contre lui. Il était arrivé par bateau, avec son épouse Penelope, et avait accosté directement au pied du château, en toute discrétion. Enfin, c'est ce qu'il croyait... Des paparazzi avaient été avertis par des habitants du coin, qui avaient eu l'information de source sûre, en copinant avec des policiers du GSPR (le Groupe de sécurité du président de la République).

Aux alentours du cap Nègre, la vie a en effet bien changé depuis que le chef de l'État y a pris ses quartiers. Le domaine est gardé nuit et jour par de nombreux agents. Dix gendarmes surveillent la résidence des Bruni Tedeschi de juin à septembre, trois le reste de l'année. Une nouvelle grille de sécurité a également été installée. Sur la mer, des navires de la Marine nationale patrouillent pour éloigner les baigneurs trop fouineurs. Et un arrêté ministériel a été pris pour interdire le survol de la demeure durant les mois d'été. Celui qui s'y essaierait risque quarante-cinq mille euros d'amende. Mais ce qui est le plus nouveau, c'est la venue des journalistes et photographes du monde entier. La romance entre Nicolas Sarkozy et Carla Bruni passionne en effet la presse people au-delà des frontières. Les Lavandourains se sont finalement rapidement accommodés de cette nouvelle faune : ils sympathisent avec les services de sécurité pour leur tirer quelques scoops, qu'ils vendent ensuite aux médias. Chacun trouve son compte sous le soleil du cap Nègre.

Le maillot de bain de Stéphane Bern

Les fans de mariages princiers avaient de quoi être comblés en cette année 2011. Deux mois après l'union du prince William et de Kate Middleton en l'abbaye de Westminster à Londres, Albert II de Monaco et Charlène Wittstock se disaient « oui » sous le soleil du Rocher. Ce 2 juillet, dans la cour d'honneur du Palais transformée pour l'occasion en cathédrale à ciel ouvert, huit cents invités prennent place. Le roi Carl XVI Gustaf de Suède a fait le déplacement, tout comme l'impératrice Farah, le prince Napoléon, la grande-duchesse Maria de Russie ou encore la famille royale belge au grand complet. Parmi cette foule chapeautée, on reconnaît quelques célébrités, à l'instar du top-modèle Naomi Campbell, du tennisman Henri Leconte, de l'acteur Roger Moore, du ténor Andrea Bocelli, du couturier Karl Lagerfeld, mais aussi de nombreux politiques, comme Rachida Dati, Christian Estrosi, Éric Ciotti... Protocole oblige, Nicolas Sarkozy arrive en dernier, juste à temps pour voir Charlène s'avancer sur le tapis rouge, dans une chatoyante robe en satin duchesse signée Giorgio Armani. Mais pour cet événement mondain qu'il n'aurait manqué pour rien au monde, le président de la République est venu seul, sans Première dame à son bras. Où est donc Carla Bruni ? Depuis leur mariage en février 2008, le chef de l'État et la chanteuse à textes sont pourtant inséparables.

Ce jour-là, la Première dame n'est qu'à quelques kilomètres de Monaco, réfugiée au fort de Brégançon à Bormes-les-Mimosas. Depuis les premières rumeurs sur sa grossesse, scoop dont s'est glorifié le magazine *Closer* dès avril, elle fuit les flashes et les médias. Même si l'Élysée n'a pas officiellement confirmé ces ragots, Pal Sarkozy, le père du président, s'est réjoui de « l'arrivée de [son] petit-fils » dans les colonnes du quotidien allemand *Bild*. Si elle n'a donc plus de raison de cacher son ventre rond, Carla Bruni préfère s'isoler dans cette vieille bâtisse perchée au-dessus de la Méditerranée, où elle s'adonne à la lecture et aux promenades quotidiennes, en attendant que le président l'y rejoigne pour les week-ends. Le couple accepte alors de satisfaire les nombreux paparazzi planqués dans les fourrés, en descendant à la plage pour piquer une tête et ainsi se mettre en scène. Chapeau de paille, lunettes de soleil et robe-chemise bleu layette, l'une des photos de la Première dame servira même de « faire-part » selon *Madame Figaro* : « Ce cliché, pris au fort de Brégancon le week-end dernier, ne précise pas que la Première dame de France est enceinte de 6 mois et qu'elle attend un garçon, mais confirme au moins l'événement. Une photo "volée" à la place d'un communiqué, il fallait y penser[25] ! »

Comme d'habitude avec les Sarkozy, la communication est parfaitement réglée. Le 14 juillet, alors que la fête nationale bat son plein dans la capitale, Carla Bruni accueille au fort dix femmes de marins engagés depuis près de quatre mois au large de la Libye. Cette réception, autour de quelques macarons, est rapportée par des journalistes de la presse quotidienne régionale qui ont également été conviés à Brégançon. Ainsi, la Première dame, en robe rose, « rayonnante, épanouie

25. *Madame Figaro*, 12 juillet 2011.

dans des formes qu'elle ne songe même plus à dissimuler[26] », se prête enfin au jeu de la séance photos et de l'interview. Elle se confie sur sa grossesse : « C'est un très grand bonheur pour moi, mais il est somme toute banal et, d'un autre côté, les gens ont bien d'autres problèmes. Ce serait déplacé de trop en parler. » Quelques mots sont également glissés sur la suite de l'aventure politique de son mari, « l'homme de sa vie », qu'elle souhaite voir candidat à la présidentielle de 2012 « pour la France ». Elle évoque aussi sa carrière dans la musique qu'elle a mise en pause, pour se consacrer entièrement à son nouveau rôle : « Dame de France, ce n'est pas un fardeau. C'est une fonction, avec des devoirs, mais ça n'a rien d'accablant. Le poids de la charge est pour mon mari, je ne fais que l'accompagner. Trois ans ainsi, c'est beaucoup moins fatigant que dix ans de mannequinat. Dame de France, c'est une responsabilité, il ne faut pas dire n'importe quoi, mais je ne suis pas d'une nature écervelée, et c'est une parenthèse magnifique dans mon existence. »

Si la Première dame n'a pas pu assister au mariage princier des Grimaldi, elle veut en connaître tous les détails, comme si elle y était allée. Au lendemain de la noce, elle invite donc Stéphane Bern, le journaliste et expert ès têtes couronnées, pour un déjeuner sur la terrasse du fort de Brégançon, durant lequel il lui fera le récit complet de la cérémonie. « Carla était enceinte et n'avait pas pu venir au mariage. Elle voulait donc qu'on lui raconte[27] », se souvient ce dernier. Le président de la

---

26. *Nice Matin*, 15 juillet 2011.

27. Entretien avec l'auteur, 5 novembre 2020.

République est également présent, toujours friand des potins mondains. Après le repas, Carla Bruni propose à Stéphane Bern d'aller faire trempette dans la Méditerranée, mais celui-ci n'avait pas prévu de se baigner et est venu sans maillot de bain. « Elle a donc demandé à Nicolas Sarkozy de m'en prêter un, ce qu'il a fait. Je suis allé me changer dans une des chambres du fort. L'intérieur était confortable mais très simple, presque austère, avec un lit en fer. » Ce jour-là, certainement par politesse, cet amoureux du patrimoine ne demandera pas à faire le tour du propriétaire : « Plus tard, je suis retourné au fort de Brégançon pour un tournage de l'émission "Secrets d'Histoire", et là j'ai pu visiter[28]. » « Ce qui est très amusant à Brégançon, c'est qu'on a l'impression d'être en vacances avec des gens normaux. On croit se baigner entouré de maîtres nageurs, alors qu'en fait, ce sont des policiers déguisés », se souvient-il après cette journée d'été avec la Première dame et le président. Quelques mois plus tard, Nicolas Sarkozy est de passage dans les locaux de RTL, station de radio où travaille alors Stéphane Bern, et s'amuse à raconter l'anecdote du maillot de bain : « Vous savez que Stéphane Bern est le seul à pouvoir se vanter de s'être baigné dans le maillot de bain du président de la République. » « Mais je le lui ai rendu[29] », ajoute l'animateur, sur le même ton badin.

Si Nicolas Sarkozy préfère indéniablement le cap Nègre à Brégançon, il n'en abandonne pas pour autant le vieux fort, où il réunit parfois des membres de son gouvernement au

28. Entretien avec l'auteur, 5 novembre 2020.

29. *Ibid.*

cœur de l'été. En juillet 2011, Bruno Le Maire et son épouse y sont ainsi conviés par le couple Sarkozy, le temps d'un week-end en toute décontraction. Pauline Le Maire est alors enceinte et sur le point de donner naissance à un quatrième garçon. Mais elle accepte ce déplacement, qui semble primordial pour la carrière de son mari. Alors ministre de l'Agriculture, celui-ci avait postulé à l'Économie, en remplacement de Christine Lagarde, partie au Fonds monétaire international après la déchéance de Dominique Strauss-Kahn. Mais c'est finalement François Baroin qui avait été nommé à Bercy, laissant Bruno Le Maire à sa seule déception. L'invitation du président de la République à passer quelques jours face à la Méditerranée a donc tout d'un « lot de consolation[30] » et donne également lieu à quelques explications. « Je vais te dire Bruno, je te laisserai pas tomber. Je suis pas fou, hein ! Je te laisserai pas tomber », le rassure Nicolas Sarkozy, tirant sur un gros cigare après un bon déjeuner. Le Maire, qui prendra sa revanche en s'installant à Bercy sous la présidence d'Emmanuel Macron, se souvient en tout cas avec délice de son passage à Brégançon : « Le président a été d'une prévenance de tous les instants. Lui et Carla n'ont cessé de s'enquérir de la santé de Pauline [...][31] », écrit-il dans son journal de bord. Quelques jours seulement après cette parenthèse provençale, un petit Barthélemy Le Maire verra le jour.

---

30. Guillaume Daret, *Le Fort de Brégançon, op. cit.*

31. Bruno Le Maire, *Jours de Pouvoir*, Gallimard, 2013

Le 20 août 2010, Nicolas Sarkozy organise également à Brégançon un mini-sommet économique, sorte de pré-rentrée quelques jours avant la véritable reprise. La crise était alors dans tous les esprits. Il fallait donc envoyer un message fort et prouver aux Français que le président ne prend jamais vraiment de vacances. Brégançon, situé à quelques kilomètres de la villa des Bruni où le chef de l'État passe ses congés, est donc l'endroit idéal pour réunir quelques collaborateurs et membres du gouvernement. Dont Christine Lagarde, ministre de l'Économie, également en vacances sur la côte méditerranéenne, qui choisit malgré tout de regagner Paris avant de se rendre dans le Var. Tout comme François Baroin, ministre du Budget et des Comptes publics, qui se trouvait quant à lui dans la Creuse. À l'aéroport de Villacoublay, ces deux ministres retrouvent François Fillon, qui a abandonné prématurément la Toscane, où il goûtait au plaisir du *farniente*, pour cette réunion improvisée. Mais contrairement à ses deux collègues, le Premier ministre ne semble pas être repassé par son cabinet parisien avant de monter dans l'avion affrété pour l'occasion. Il se présente dans une tenue des plus décontractées, bien loin de son costume-cravate habituel. Pantalon de toile blanc, chemise rayée, mocassins et veste à col Mao bleue en lin... Dans la classe politique, seul Jack Lang aurait pu oser l'extravagance, mais jamais, au grand jamais, le très austère François Fillon. François Baroin, qui le voit arriver ainsi vêtu, en est le premier surpris. Tout comme les journalistes qui, agglutinés devant les grilles de Brégançon, s'étonnent de l'accoutrement. Ce détail vestimentaire accapare toute leur attention.

« Au bout de trois ans et quelques mois, on n'a plus rien à prouver. On est décontracté », avait soufflé quelques semaines plus tôt François Fillon, lors d'un déplacement à Nouméa. La phrase était donc prémonitoire. Mais pourquoi le Premier ministre avait-il autant besoin d'illustrer sa pseudo-décontraction ? La réunion n'est pas encore terminée que, à Paris comme à Bormes-les-Mimosas, les commentateurs politiques cherchent à décrypter ce vêtement. Serait-il un indice de l'éviction prochaine de François Fillon ? Le Sarthois occupe Matignon depuis déjà trois ans, et pourrait bien devoir laisser sa place pour la dernière ligne droite du quinquennat, qui sera en partie dédiée à préparer la réélection de Nicolas Sarkozy. Ses potentiels successeurs sont nombreux : Jean-Louis Borloo (encore lui) et Michèle Alliot-Marie, mais aussi Christine Lagarde et François Baroin, témoins de cette mascarade inattendue. Cette veste et ce pantalon pourraient en dire long sur la situation floue du gouvernement : François Fillon aurait à ce point lâché prise qu'il ne verrait plus l'intérêt de porter une cravate devant le président…

La réunion de travail débute par un café sur la terrasse, avec vue sur la Méditerranée ; de quoi détendre l'atmosphère avant d'aborder les sujets sérieux dans l'un des salons du fort. Quelques photographes et caméras de télévision sont invités à l'intérieur pour rendre compte de la dure besogne estivale. Puis, alors que les ministres et les collaborateurs quittent les lieux, François Fillon reste pour s'entretenir en tête-à-tête avec Nicolas Sarkozy. La discussion entre les deux hommes, qui ne cachent plus leurs dissensions, dure plus d'une heure et porte essentiellement sur le maintien du Premier ministre.

Quand il sort enfin de Brégançon, François Fillon ne sait toujours pas si, oui ou non, il devra quitter Matignon.

Peu importe, puisque sa tenue de vacancier a complètement éclipsé cette interrogation dans les médias. Plutôt que d'enquêter sur un possible remaniement gouvernemental, des journalistes s'amusent à identifier cette veste qui fait couler beaucoup d'encre. On apprend alors qu'elle est un grand classique de chez Arnys, célèbre tailleur du 7e arrondissement parisien qui a habillé toute la classe politique, de François Mitterrand à Valéry Giscard d'Estaing. Inspirée d'un costume de garde forestier solognot, elle y est fabriquée depuis 1947. « C'est notre modèle emblématique. Nous l'avons bien sûr reconnu immédiatement », s'était réjoui un porte-parole de la marque, ravi de cette publicité inattendue. Plus récemment, en 2017, François Fillon remettra malgré lui Arnys dans la lumière, avec la fracassante « affaire des costumes » qui a tant animé la campagne présidentielle.

Attrape-le si tu peux !

En short blanc et polo rayé, Nicolas Sarkozy court dans les allées du bois de Boulogne. Depuis quelques heures seulement, ce 15 mai 2012, il n'est plus président de la République. Au même moment, François Hollande remonte les Champs-Élysées, tête sortie de sa Citroën DS5 décapotable, douché par des trombes d'eau. Nicolas Sarkozy est lui aussi trempé par la pluie, mais peu importe, il a besoin de ce footing pour se vider l'esprit. Durant son mandat, il n'a d'ailleurs jamais arrêté de courir, même quand il traversait les pires crises, même quand les dossiers s'accumulaient, même quand il était en déplacement à l'étranger. Chaque jour, ses conseillers devaient lui trouver un créneau dans son agenda très chargé pour qu'il puisse enfiler ses baskets et battre le bitume. On l'a vu courir dans les rues de Bruxelles, à l'issue d'un sommet européen, ou encore grimper quatre à quatre les marches de l'Élysée, vêtu d'un short Nike. De quoi décoiffer le chef du protocole ! Le Palais n'avait jamais accueilli de président sportif avant lui. Certes, Valéry Giscard d'Estaing aimait skier et taper dans quelques balles, François Mitterrand pratiquait à l'occasion le golf. Jacques Chirac ne s'était jamais adonné à une quelconque activité physique, c'eût été pour lui contre nature. Nicolas Sarkozy, lui, n'arrête pas de courir, comme pour montrer qu'il vit son mandat à cent à l'heure, qu'il est cet « hyperprésident », néologisme que lui a attribué la presse.

Pendant ses vacances d'été, le chef de l'État court encore plus qu'à son habitude, et fait même du vélo, une autre de ses passions. En juillet 2009, invité sur le Tour de France dont il est un grand fan, le président file la métaphore politique : « Je m'ennuie sur le plat, il faut que ça grimpe. Je monte assis sur ma selle, en force. » Au cap Nègre, il pédale donc beaucoup, saluant les vacanciers présents sur la route des Crêtes menant au col du Canadel. Sur le chemin du retour, le front dégoulinant de sueur, il ne manque jamais de faire une halte pour embrasser Ginette Rei, propriétaire de l'hôtel *Les Mimosas*. Cette fan absolue du président guette ses allées et venues. Quand il est en vacances dans sa belle-famille, elle lui prépare chaque matin des beignets de courgettes, sa spécialité, que le chef de l'État vient déguster, après son sport. Casque vissé sur le crâne, Nicolas Sarkozy ne prend même pas le temps de descendre de son vélo pour en manger un ou deux. Pas plus, car ces petites pâtisseries ont frit dans l'huile, et le président fait attention à sa ligne. S'il prend tant de plaisir à s'arrêter quotidiennement chez Ginette Rei, c'est qu'il y est toujours bien reçu et très complimenté. « Vous êtes le meilleur » ou « On vous adore », le flatte la sexagénaire, qui invite régulièrement quelques amies, toutes aussi groupies, pour attendre sur le bord de la route le passage du président. À tel point que l'hôtel *Les Mimosas* est devenu l'une des attractions de la région. Aux curieux ou aux caméras du journal de 13 heures de TF1 qui arrivent chez elle, la tenancière ne peut s'empêcher de faire visiter son mini-musée à la gloire de Nicolas Sarkozy : photos et coupures de presse, tout est encadré et accroché au mur.

Mais l'endroit où Nicolas Sarkozy aime le plus courir, c'est assurément à *La Lanterne*. Ce petit palais, situé dans le parc du château de Versailles, est certainement l'une des plus belles propriétés de l'État, mais aussi l'une des plus mystérieuses. Cachée par des arbres centenaires, invisible derrière son écrin de verdure, elle est un vestige intact de l'Ancien Régime, dans lequel se vautre la République. « À *La Lanterne*, nos élus vivent comme des rois[32] », écrit Émilie Lanez, qui a longuement enquêté sur cette résidence. Longtemps, celle-ci fut réservée aux bons plaisirs du Premier ministre. Depuis 1959, ce manoir versaillais était en effet compris dans le package du locataire de Matignon. Seul André Malraux

32. Émilie LANEZ, *La Garçonnière de la République*, Grasset, 2017.

– ministre de la Culture et non chef de gouvernement – y séjourna de manière permanente de 1962 à 1969. Son appartement de Boulogne avait été visé par un attentat de l'OAS et Georges Pompidou lui avait proposé cette solution de relogement. L'écrivain, et ami du général de Gaulle, y vécut avec sa femme pendant trois ans, puis avec sa maîtresse officielle, Louise de Vilmorin. Durant toutes ces années, le ministre de la Culture réaménagea à grands frais les lieux, réclamant sans cesse de nouvelles voilures et tentures au Mobilier national. « Aujourd'hui c'est un clavecin, il y a quelques jours une commode Marie-Antoinette, demain ce seront les tissus pour les rideaux[33] », s'exaspère Madeleine Malraux, son épouse. Après cela, Jacques Chaban-Delmas, Premier ministre de 1969 à 1972, put de nouveau jouir des lieux, puis à sa suite Pierre Mesmer ou encore Jacques Chirac. Son épouse, Bernadette, connue pour son amour immodéré des lieux patrimoniaux, en a certainement été la locataire la plus zélée. Dans chacun des palais qu'elle a habités, de l'Hôtel de Ville à l'Élysée, elle a en effet toujours prouvé qu'elle était la meilleure des maîtresses de maison. À *La Lanterne*, son royaume durant plus de quatre ans, elle engagea, elle aussi, d'importants travaux.

Ce sont d'ailleurs les femmes de Premiers ministres qui apprécient particulièrement cette résidence versaillaise, où elles trouvent bien plus leur place que dans la machine étatique qu'est le 57 rue de Varenne. Françoise Fabius, Michèle Rocard, Marie-Josèphe Balladur, Anne-Marie

33. Céline Malraux, Madeleine Malraux, *Avec une légère intimité, le concert d'une vie au cœur du siècle*, Larousse, 2013.

Raffarin, Marie-Laure de Villepin… Toutes en gardent d'excellents souvenirs. Penelope Fillon aurait certainement aimé en profiter à son tour, mais son mari, nommé à la tête du gouvernement, se fit immédiatement voler *La Lanterne* par le chef de l'État lui-même.

Le 9 mai 2007, seulement trois jours après le second tour de la présidentielle dont il est sorti victorieux, Nicolas Sarkozy bulle sur le bateau de Vincent Bolloré, au nord de Malte. On le sait, ce petit séjour à bord du yacht de son ami milliardaire a fait scandale, mais le président juste élu, et pas encore investi, n'a, semble-t-il, aucun autre endroit où aller. Il est en effet sans domicile, puisqu'il a vendu son appartement de l'île de la Jatte, a quitté le logement de fonction du ministère de l'Intérieur et ne peut pas encore s'installer à l'Élysée tant que les Chirac n'ont pas déménagé. Mais pourquoi n'enverrait-il pas ses cartons à *La Lanterne*? L'idée lui trotte dans la tête. Il en rêve secrètement depuis des années. Il a eu l'occasion d'y aller une ou deux fois, notamment quand il n'était qu'un jeune loup de la politique et que Claude Chirac, fille de Jacques, y organisait quelques sauteries. Mais il en a surtout entendu vanter les charmes, à maintes et maintes reprises. *La Lanterne* a la réputation d'être une maison du bonheur. En train de bronzer sur le pont du bateau de Bolloré, il décroche donc son téléphone pour déranger Bruno Le Maire, chef de cabinet de Dominique de Villepin, futur ex-Premier ministre. Celui-ci est surpris que Nicolas Sarkozy n'attende pas une petite semaine, et son investiture, pour se soucier du lieu où il pourra passer les week-ends durant son mandat, mais il écoute tout de même sa requête. L'ancien maire de Neuilly lui assure qu'il a un besoin pressant de *La Lanterne*, ajoutant que son épouse, Cécilia, y tient beaucoup. Le Maire est aussi étonné qu'embarrassé par ce caprice, mais en avertit tout de même son supérieur, à savoir Dominique de Villepin. Ce dernier en est encore plus déconcerté. Surtout, il avait promis à son épouse, Marie-Laure, qu'ils passeraient encore un samedi et un dimanche, ensemble avec leurs trois enfants, dans cette demeure où tous les tracas du brouhaha politique s'évanouissent. Il n'y avait qu'à *La Lanterne* qu'elle pouvait retrouver un semblant de vie de couple, depuis longtemps anéantie par les ambitions de son époux. Au téléphone, Mme de Villepin refuse de céder à Nicolas Sarkozy, ennemi juré de son mari. Mais a-t-elle vraiment le choix ? Si Dominique de Villepin tente d'obtenir quelques jours de sursis, le futur président ne veut rien entendre : non, c'est non, il lui faut *La Lanterne* maintenant. Dominique rappelle alors Marie-Laure, la priant de bien vouloir faire ses valises sur-le-champ. En fin de journée, *La Lanterne* devra être complètement vidée de tous ses effets personnels. Accompagnée de son officier de sécurité, l'épouse du dernier Premier ministre à avoir habité cet endroit « rassemble les chaussures de jogging, les raquettes, les livres des enfants, les pulls et les bottes[34] ». Cet épisode, qu'Émilie Lanez nomme justement la « Prise de *La Lanterne* », illustre toute la vanité de la vie politique. « Il t'a piqué le meilleur du job », dira Jean-Pierre Raffarin à François Fillon, juste arrivé à Matignon. Il doit alors se consoler avec le manoir de Souzy-la-Briche,

34. Émilie Lanez, *La Garçonnière de la République*, *op. cit.*

que le président lui accorde en échange, mais dans lequel il ne mettra jamais les pieds.

Nicolas Sarkozy savoure son acquisition. Tout comme Cécilia qui ne souffre plus la vie parisienne et tente de s'en échapper dès qu'elle le peut. Elle rêvait d'un mas provençal ou d'un ranch en Espagne, mais se contentera parfaitement de ce palais versaillais, avec vue sur le château du Roi Soleil. La vue, parlons-en justement. Le président choisit la meilleure chambre, qui offre un panorama dégagé sur ce bijou de l'Histoire de France. Il en est tellement fier qu'il y fait monter tous ses invités, pour qu'ils admirent par la fenêtre ce tableau plus vrai que nature. En juillet 2007, Nicolas Sarkozy s'installe à *La Lanterne*, pour s'octroyer un avant-goût de vacances, faisant des aller-retour chaque jour entre Versailles et Paris. « J'en partais tôt le matin, soit pour me rendre à l'Élysée, soit pour prendre un avion à Villacoublay, qui se trouvait seulement à quelques minutes. J'essayais d'y demeurer tranquille le week-end pour y recevoir des interlocuteurs dont je voulais solliciter l'avis, pour y travailler les dossiers qui demandaient plus de temps à maîtriser, ou, simplement, pour me reposer[35] », se souvient-il. Ainsi, même s'il n'est pas encore en congés, il profite des longues soirées d'été pour dîner sur la terrasse de ce jardin superbe. Il peut surtout faire son footing quotidien dans l'immense parc du château : « Les huit cents hectares représentaient, avec leurs innombrables chemins dans la forêt, un réservoir inépuisable d'itinéraires variés. Je pouvais voir *in situ* la magie des perspectives imaginées par

35. Nicolas Sarkozy, *Le Temps des tempêtes*, Tome 1, *op. cit.*

Le Nôtre. Et puis tout à coup, au détour d'une petite route, le château de Versailles apparaissait dans sa splendeur. Je crois connaître chaque bassin, chaque recoin, chacun des lieux merveilleux de ce parc entretenu avec un soin remarquable[36]. »

Le 26 juillet 2009, comme tous les dimanches depuis le début de l'été, Nicolas Sarkozy enfile ses baskets pour arpenter les allées de Louis XIV. Le soleil – monarque en ces lieux – est haut dans le ciel quand il s'élance vers la pointe sud du Grand Canal. Derrière lui, les quelques officiers de sécurité qui l'accompagnent dans sa course suent à grosses gouttes. Ce sont pourtant des sportifs endurants. Peu importe la température élevée, le président a besoin de se défouler. Il accentue la cadence, accélère, sprinte, puis s'écroule. Allongé de tout son long au milieu d'un routin, le chef de l'État est inconscient, présentant tous les signes d'un malaise cardiaque. Un garde du corps appelle directement le personnel de *La Lanterne*, mais également les secours. Carla Bruni, qui se prélassait dans un transat non loin de là, accourt, au moment même où un hélicoptère survole déjà la zone. Nicolas Sarkozy est immédiatement transféré à l'hôpital militaire du Val-de-Grâce. Tout ce remue-ménage, à seulement quelques mètres des touristes venus visiter la Galerie des Glaces, a bien évidemment alerté les médias. Ce malaise fait donc rapidement les gros titres des journaux télévisés. Le président est-il en mauvaise santé ? Les Français s'inquiètent, d'autant que cela leur rappelle de mauvais souvenirs, des années Pompidou ou Mitterrand. Un dirigeant en pleine forme, voilà l'image que voulait

36. *Ibid.*

pourtant renvoyer Nicolas Sarkozy, quand il montait les marches de l'Élysée quatre à quatre, ou qu'il se laissait photographier en train de gravir des montagnes au cap Nègre. En octobre 2007, trois jours après son divorce avec Cécilia, il avait même préféré cacher une lourde opération de la gorge qu'il avait dû subir, pour soigner un douloureux phlegmon, afin de ne pas inquiéter ses concitoyens. Ce 26 juillet 2009, après une batterie d'examens, Nicolas Sarkozy est rassuré : rien de grave, seulement un gros coup de fatigue et de chaud, mais il va falloir qu'il lève le pied Le président court trop, travaille énormément, boit beaucoup de café et ne mange pas assez. Après cette frayeur, il part donc se reposer au cap Nègre pour trois semaines, durant lesquelles il troque, exceptionnellement, ses baskets contre une paire de tongs.

François Hollande

Les coussins de Brégançon

Chocolats ou sucreries? Non, le péché mignon de François Hollande est tout autre. Trop bavard, le président socialiste ne peut s'empêcher de s'épancher auprès des journalistes. Une mauvaise manie qui lui a joué plus d'un tour, mais qu'il n'a jamais pu abandonner durant son quinquennat. Début juillet 2013, il honore même une invitation à dîner de l'Association de la presse présidentielle. Avant lui, aucun autre locataire de l'Élysée n'avait accepté de soirée aussi informelle avec des journalistes. Ce soir-là, ils sont une centaine, tous habitués à suivre les déplacements présidentiels, autour du volubile chef de l'État qui les a retrouvés à la Maison des Polytechniciens, dans le 7e arrondissement. Les gazetiers sont répartis sur plusieurs tables et, à chaque plat servi, peuvent poser trois questions au président. Ce dernier mène une conversation décontractée, à bâtons rompus, même s'il sait qu'à l'heure de Twitter, ses propos ne resteront pas très longtemps privés. Comme cette petite phrase lancée alors qu'il est interrogé sur le programme de son été : « Les vacances, c'est un sujet qui me fâche ! » s'agace-t-il. Le président serait-il traumatisé ?

En 2012, les premières vacances présidentielles de François Hollande ont en effet rapidement viré au cauchemar. Dès la veille du départ, une première polémique vient ombrager la carte postale. Pour ne pas essuyer les mêmes critiques que son prédécesseur, le président socialiste avait pourtant choisi de renouer avec la tradition de Brégançon et ainsi de s'octroyer du repos sans quitter le cadre républicain. Il aurait pu préférer sa villa de Mougins, dans l'arrière-pays cannois, non loin de son père, Georges, qui y passe sa retraite ; 130 m^2 avec terrasse et piscine, à quelques kilomètres seulement du front de mer, qu'il a acquis à la fin des années 1980. Cette petite propriété, baptisée *La Sapinière*, est nichée dans le verdoyant domaine de Saint-Basile, l'un des plus huppés de la région. Mougins n'est pas un village comme les autres. Surnommé le « Neuilly de la Côte d'Azur » par certains, il accueille chaque année célébrités, gotha et politiques. Silvio Berlusconi y a ses habitudes, tout comme l'ancien sportif Henri Leconte, le comédien Franck Dubosc et plus récemment la chanteuse américaine Rihanna. C'est donc sans surprise qu'un peu plus tôt dans l'année, au second tour du scrutin présidentiel, les Mouginois avaient voté à 73 % pour le candidat de la droite, Nicolas Sarkozy, plutôt que pour leur voisin socialiste. Pour son premier été, ce président qui se targue d'être « normal » ne peut donc pas décemment retrouver son petit paradis doré. Brégançon se présente comme la meilleure option.

Mais à quelques heures de boucler les valises, François Hollande voit paraître dans deux journaux en simultané une anecdote qui va gâcher son été. *Le Canard Enchaîné* et *Sud Ouest* révèlent que le président aurait effectué quelques aménagements à grands frais dans la résidence présidentielle avant d'y séjourner. Pour comprendre les origines du scandale, il faut encore remonter quelques jours plus tôt…

Perdu sur les routes du Var, un livreur espagnol cherche désespérément l'entrée du fort de Brégançon. Comment peut-il ne pas le trouver ? C'est tout de même l'attraction de la région, s'amusent les passants auxquels il demande son chemin. Puis vient très rapidement la question de son mystérieux chargement. Selon *Le Canard Enchaîné*, il devait y déposer quatorze cartons remplis de coussins. Quelques édredons ? Pas de quoi en faire tout un plat. Sauf qu'ils proviennent tous de Kettal, une enseigne barcelonaise qui réunit la crème du design espagnol. Tout ce qui y est vendu est plutôt beau et plutôt cher. L'hebdomadaire assure que sur le site web de la marque, le prix d'un coussin à l'unité avoisine les deux cents euros. L'addition est donc vite faite.

Très rapidement, les critiques s'acharnent contre Valérie Trierweiler, considérée comme une « parvenue déguisée en Marie-Antoinette qui dépense l'argent public au gré de ses caprices[1] ». Selon l'opinion, certainement un brin misogyne, la Première dame ne peut être qu'à l'origine de ces dispendieux achats. C'est presque une tradition : avant elle, Claude

1. Valérie Trierweiler, *Merci pour ce moment*, Les Arènes, 2014.

Pompidou, Anne-Aymone Giscard d'Estaing et Bernadette Chirac avaient également imprimé leur patte dans la résidence varoise. La première s'était même vantée d'avoir « tout refait » à Brégançon. Claude Pompidou avait fait appel au designer Pierre Paulin pour troquer le mobilier d'origine, qu'elle jugeait trop classique, contre des fauteuils en cuir blanc, des tables en plexiglas et des sculptures abstraites. Après elle, Anne-Aymone Giscard d'Estaing avait de nouveau tout déménagé, afin d'injecter un style « Louis XV néo-provençal » aux lieux. Très attachée à la résidence varoise, Bernadette Chirac avait à son tour remis la décoration au goût du jour, ou du moins, à son propre goût.

À l'époque, personne n'avait osé les blâmer pour ces grands travaux de rénovation. Mais les temps ont changé, et les coussins de Valérie Trierweiler n'arrivent pas à être digérés. L'accusée voudrait démentir les rumeurs mais l'Élysée lui « demande de prendre cette histoire à la légère[2] ». Le président, de son côté, « refuse de contrarier la presse même quand elle transforme des ragots en pseudo-scoops », lui reprochera-t-elle, quelques années plus tard, dans son best-seller, *Merci pour ce moment*.

Séparée de François Hollande, elle attendra donc la parution de ce livre-confessions pour enfin tirer cette affaire au clair. En quelques lignes, l'ex-Première dame remontera aux origines du scandale. Valérie Trierweiler aurait en effet été envoyée à Brégançon, avant les vacances d'été, afin de faire du

---

2. *Ibid.*

repérage. Elle aurait alors visité le fort, le temps d'une demi-journée, et n'aurait demandé « aucun aménagement, aucun changement », mis à part « l'installation de deux paravents sur la plage ». « Deux ans plus tard, je constate que le poison sourd encore puisque la presse rapporte que l'Élysée aurait effacé les traces de ce caprice après mon départ. Il faut bien trouver une explication au fait que les visiteurs du fort ne trouveront rien, ni coussins hors de prix, ni mobilier de jardin en bois précieux », ajoutera-t-elle.

À sa version se confrontera, quelques années plus tard, celle de François Hollande, dans son livre *Les Leçons du pouvoir* où il revient brièvement sur cet épisode. Contrairement à Valérie Trierweiler, lui assure qu'il était bien question de coussins. « Le lieu est entretenu mais n'est plus occupé depuis plusieurs années lorsque Valérie Trierweiler visite les lieux avant mon arrivée. Elle constate que les coussins du mobilier extérieur sont notoirement usés et défraîchis. Elle suggère qu'ils soient changés », écrit-il. Le président socialiste précise néanmoins que ce fut là la seule et unique dépense, tout au plus de quelques centaines d'euros. Il s'étonne donc du scandale qui s'en est suivi : « À croire que mes coussins étaient brodés avec du fil d'or. On glose sur un caprice déplacé quand le pays est appelé à l'effort... »

« Les coussins de Brégançon sont-ils le *Fouquet's* de François Hollande[3] ? », se demande l'éditorialiste Bruno

3. *L'Obs*, 3 août 2012.

Roger-Petit dans les pages de *L'Obs*. Alors que cette histoire de chiffons aurait pu être rapidement oubliée, l'opposition la transforme en une pure polémique politico-politicienne. Comme si, en effet, elle n'avait pas digéré l'enflammement médiatique qui avait suivi la petite fête de Nicolas Sarkozy, le soir de son élection en 2007, dans le très chic restaurant de l'avenue des Champs-Élysées. Depuis la victoire de François Hollande, les élus de droite ne cessent de sortir leur calculette, scrutant la moindre dépense du nouveau chef de l'État et espérant ainsi le prendre en faute. Ces coussins se présentent alors comme la parfaite occasion de faire couler à pic les premières vacances d'un président qui se voulait « normal ».

Les Bidochon en vacances

Depuis bientôt dix ans, ses vacances se suivent et se ressemblent. Chaque été, Angela Merkel part se ressourcer dans le petit village montagnard de Sulden, situé dans le Trentin-Haut-Adige, au nord de l'Italie. La destination lui avait été un jour conseillée par un alpiniste chevronné. Depuis, la chancelière allemande ne s'en est jamais lassée. Systématiquement, elle descend dans le même hôtel. Systématiquement, elle fait les mêmes randonnées. Systématiquement, elle porte la même chemise bordeaux à petits carreaux. Preuve en est l'incontournable photo d'elle avec son mari Joachim Sauer, prise chaque année dans le même télésiège. Pendant ce break annuel, la chancelière allemande goûte aux plaisirs simples et à un certain retour à la normalité. Mais tout le monde n'est pas Angela Merkel…

Peut-être inspiré par son homologue germanique, François Hollande a lui aussi voulu prendre des vacances qui sembleraient ordinaires. Le 2 août 2012, le président et la Première dame attendent patiemment leur train gare de Lyon, direction Toulon puis Brégançon. Dans leurs bagages, pas de *Canard Enchaîné* qui vient de révéler l'affaire dite des coussins, mais quelques livres et beaucoup de travail. Quelques heures plus tôt, François Hollande a même été aperçu flânant dans le rayon DVD de la FNAC Montparnasse, rue de Rennes. Son choix se serait notamment porté sur *Black Swan* de Darren Aronofsky, qui a valu à son interprète Natalie Portman un Oscar en 2011. Du cinéma de qualité donc.

Sur le quai de la gare, le président ne se fait pas prier pour signer quelques autographes et prendre quelques selfies. L'Élysée a même averti les photographes de presse de l'heure du départ en vacances pour que le « président normal », dans sa parfaite mise en scène, soit immortalisé. Derrière lui, Valérie Trierweiler, en robe noire à manches longues et lunettes de soleil vissées sur le nez, ne veut pas participer à cette grande représentation. La Première dame se tient en retrait, et ne peut masquer sa tête des mauvais jours. « Je dois subir la comédie de notre départ en train [...] Je trouve ça ridicule, je déteste cette exhibition. Je n'ai été prévenue qu'à la dernière minute[4] », expliquera-t-elle plus tard.

Ce bain de foule sera le premier d'une longue série, au grand désespoir de la Première dame qui comptait profiter

4. Valérie Trierweiler, *Merci pour ce moment, op. cit.*

de ces vacances pour se retrouver à deux. Depuis que son François est président, il lui accorde moins de temps. Elle l'a senti d'autant plus s'éloigner après les élections législatives de juin et la fameuse histoire du tweet vengeur. Furieuse qu'il ait exprimé publiquement son soutien à Ségolène Royal, son ex-compagne et candidate à La Rochelle, Valérie Trierweiller avait écrit un message sur Twitter pour encourager le concurrent de celle-ci, le dissident Olivier Falorni. Cette querelle de ménage était devenue une affaire d'État, qui avait mis dans l'embarras le président fraîchement en poste. « Peut-être aurions-nous dû nous séparer à ce moment-là », dira d'ailleurs François Hollande à Valérie Trierweiler, plusieurs mois plus tard, au cœur de « l'affaire Julie Gayet ». Le fort de Brégançon, abrité de toutes les turpitudes, pourrait être le lieu idéal pour sauver son couple, espère alors la Première dame. Mais le président passe ses journées au téléphone, tandis que Valérie Trierweiler lit, pour préparer sa chronique de rentrée littéraire dans *Paris Match*.

Quelques jours après leur arrivée, le président et la Première dame descendent sur la plage de Cabasson, au pied du fort, pour se mêler à la foule de vacanciers en maillot de bain. François Hollande, en baskets et polo trois fois trop grand, slalome entre les serviettes pour serrer quelques mains. Valérie Trierweiler suit derrière, toujours peu affable. Le 10 août, le magazine *VSD* publie d'autres clichés du couple présidentiel à la plage. Rien de très glamour : François Hollande nage plus dans son short de bain que dans le bleu de la Méditerranée, tandis que la Première dame, en bikini, s'accroche désespérément à son bras afin qu'il l'accompagne dans l'eau. « Entre bain de mer et bain de foule, le président et sa compagne soignent surtout leur image d'aoûtiens lambda », commente le cinglant hebdomadaire. Valérie Trierweiler tente d'empêcher la parution de ces photos, peu reluisantes pour sa réputation déjà très écornée. Le magazine fera fi de ses menaces et sera donc condamné, en septembre 2012, à verser deux mille euros pour préjudice moral, que la Première dame reversera à l'association Reporters sans frontières.

« C'est les Bidochon en vacances[5] », se moque Nicolas Sarkozy, face au spectacle de son successeur à Brégançon. En séjour au cap Nègre, l'ancien chef de l'État sort du silence auquel il s'était astreint depuis sa défaite à la présidentielle, pour critiquer ouvertement les choix du nouveau locataire de l'Élysée. Le 8 août, il envoie aux rédactions un communiqué, qu'il a co-signé avec Abdel Basset Sayda, président du Conseil national syrien, pour réclamer une action rapide de la communauté internationale en Syrie, en proie à un conflit armé de plus en plus violent. S'il n'y cite pas nommément François Hollande, Nicolas Sarkozy blâme implicitement son inertie : « Je voulais montrer qu'il ne faisait rien du tout. [...] Le monde s'écroule et eux ne trouvent rien d'autre à faire que de se promener en short sur la plage du Lavandou[6]. » L'opinion publique rejoint le constat de l'ancien président et reproche au nouveau d'avoir osé prendre des congés.

5. Nathalie Schuck et Frédéric Gerschel, *Ça reste entre nous, hein ? Deux ans de confidences de Nicolas Sarkozy*, Flammarion, 2014.

6. *Ibid.*

Pourtant, dans son bureau de Brégançon, François Hollande est au travail. « Durant l'été 2012, j'ai multiplié les contacts sur la crise syrienne avec le Premier ministre du Liban comme avec le roi de Jordanie sur l'accueil des réfugiés qui affluaient dans les camps[7] », tente-t-il de se justifier. Comme Sarkozy avant lui, il envisage même d'organiser une réunion de travail sur le budget dans la résidence varoise, l'occasion de faire venir quelques journalistes avant la rentrée ministérielle. Mais le Premier ministre, Jean-Marc Ayrault, refuse de quitter prématurément sa chère Bretagne, comme Pierre Moscovici, ministre de l'Économie et des Finances, qui préfère rester encore quelques jours en Corse. Comme si, trois mois seulement après son investiture, François Hollande avait déjà perdu toute autorité sur son équipe gouvernementale. Ces vacances soulignent aussi les lacunes en communication du nouveau président. « Il aurait suffi d'organiser une photo de François à sa table de travail, dans le fameux bureau du général de Gaulle, pour faire taire les mauvaises langues[8] », croit pourtant savoir Valérie Trierweiler. Rien de cela ne sera fait. Au cours de ses dix-neuf jours de congés, le chef de l'État ne se montre qu'à deux reprises sur le terrain : le 11 août à Varces, en Isère, pour saluer la mémoire du quatre-vingt-huitième soldat français mort en Afghanistan, puis le 14 août à Pierrefeu-du-Var, pour rendre hommage à deux femmes gendarmes tuées deux mois plus tôt par un homme déjà condamné par la justice. Mais même ce déplacement sera critiqué, jugé opportuniste par le père de l'une des victimes.

---

7. François Hollande, *Les Leçons du Pouvoir*, Stock, 2018.

8. Valérie Trierweiler, *Merci pour ce moment*, *op. cit.*

Ces vacances, pas loin d'être épouvantables, ont eu malgré tout quelques bons aspects. Pouvant s'échapper par l'arrière du fort en bateau, le couple présidentiel réussit à s'isoler, loin de tout et surtout des paparazzi, sur les îles voisines de Porquerolles et de Port-Cros, pour quelques promenades à pied ou à vélo. Malgré ces quelques instants volés, François Hollande ne garde pas un bon souvenir de Brégançon, forteresse dans laquelle il se sent « enfermé », comme prisonnier. Il n'y retournera d'ailleurs qu'une seule fois durant son mandat. Le 15 août 2014, après avoir assisté aux cérémonies du 70e anniversaire du débarquement de Provence, il s'y arrête pour déjeuner avec son Premier ministre, Manuel Valls. Ensemble, ils passent en revue les grands thèmes de la rentrée qui approche, mais aussi le cas d'Arnaud Montebourg, alors ministre de l'Économie et du Redressement productif, qui s'avère être un caillou dans la chaussure du gouvernement. Quelques jours plus tard, ce dernier sera limogé, au cours d'un remaniement improvisé. Cette réunion au fort de Brégançon a lieu alors que des groupes de vacanciers le visitent. Ne voulant plus vraiment y résider, François Hollande a en effet choisi de le confier au Centre des monuments nationaux et de l'ouvrir ainsi au public. L'initiative est un véritable succès. Il est donc hors de question de le fermer le temps d'une journée, même si le président est entre ses murs.

Pas de repos pour François Hollande

Dans la cour de l'Élysée, le soleil aveugle les journalistes qui attendent, micros et perches tendus, que les ministres sortent du dernier conseil avant leurs congés. Premier août oblige, ils devront tous répondre à la traditionnelle question sur leur destination de vacances. Najat Vallaud-Belkacem, ministre des Droits des femmes et porte-parole du gouvernement, confie qu'elle retrouve sa famille dans les Landes, tandis que Michel Sapin, en charge de l'Économie, embarque pour l'île d'Yeu. Si d'autres partent sur la Côte d'Azur, en Normandie ou en Bretagne, Vincent Peillon, ministre de l'Éducation nationale, reste en Île-de-France, dans les Yvelines. Un choix peu exotique mais qui a le mérite de répondre à une demande de François Hollande, qui a sommé l'exécutif de prendre des vacances « minimalistes » – c'est le mot d'ordre – à quelques heures seulement de Paris. Traumatisé par plusieurs événements passés – la canicule de 2003 ou encore son précédent été désastreux à Brégançon –, le président n'est plus très à l'aise avec l'idée d'un pouvoir en repos. En août 2013, il n'accorde donc que quinze petits jours aux ministres, et pas plus de dix à Jean-Marc Ayrault, alors en poste à Matignon. Dans les couloirs de l'Élysée, la nouvelle est difficilement digérée. Plusieurs membres du gouvernement se plaignent d'être fatigués, épuisés, au bout du rouleau « On n'est pas des surhommes quand même ! On a besoin de reprendre de la distance. Il faut du repos, de la réflexion, de la lecture[9] », avoue l'un d'eux, resté anonyme, dans les pages du *Figaro*. Surtout que l'ambiance n'est pas vraiment au beau fixe dans l'équipe gouvernementale. L'affaire Cahuzac en a souligné les failles, tout comme le départ précipité de Delphine Batho, ministre de l'Écologie,

---

9. *Le Figaro*, 1er août 2013.

après une interview lors de laquelle elle avait critiqué ouvertement le budget que lui avait alloué Matignon.

Tout le monde aurait donc besoin de longues vacances, François Hollande le premier. Pourtant, certainement pour donner l'exemple, il décide de ne quasiment pas en prendre. Cet été-là, il s'octroie officiellement une semaine, durant laquelle il ne déconnectera pas vraiment. Joignable à n'importe quelle heure du jour et de la nuit, il s'installe à seulement quelques kilomètres de la capitale, dans le pavillon versaillais de *La Lanterne*, qu'il apprécie autant que Nicolas Sarkozy avant lui. Dans cette grande maison, voisine du château du Roi Soleil, le président socialiste se sent comme chez lui. Les matins y sont plus calmes qu'à l'Élysée, et l'air plus respirable. Ne disposant plus d'aucun logement personnel à Paris, c'est aussi là qu'il reçoit ses quatre enfants et ses quelques proches amis. Il ne souhaite pas ouvrir cette résidence si confidentielle à un cercle plus élargi. Rarement il y convie des collaborateurs ou des ministres, encore moins des dignitaires ou des chefs d'entreprise. *La Lanterne* est un lieu fermé, clos et préservé des regards indiscrets. D'ailleurs, en se promenant dans les allées de Versailles, il est bien difficile d'en trouver la trace, même sur une carte ou sur Google Maps. Pour le badaud ou le citoyen lambda, *La Lanterne* n'existe pas. Si tous les Français connaissent le fort de Brégançon, peu auront déjà eu vent de l'existence de cet écrin versaillais. Les photographes non plus ne s'en approchent pas, et les hélicoptères ont pour interdiction de le survoler.

Les descriptions de l'intérieur de cette demeure, certainement la plus secrète de la République, sont donc rares. On sait que la maison est construite en U, autour d'une cour gravillonnée. La décoration n'y serait pas extravagante mais plutôt de bon goût, conservée dans l'esprit des hôtels particuliers du XVIIIe siècle. L'entrée est en marbre noir et blanc, toutes les autres pièces parquetées : salon, salle à manger, bureau. Rien n'y est trop vaste, mais il y a de la place. En somme, *La Lanterne* est « une maison de famille cinq étoiles, personnel compris[10] », comme la décrit Émilie Lanez. Ses locataires y sont en effet aussi bien servis qu'à l'Élysée. Dans les chambres comme dans la cuisine (grande de cinquante mètres carrés tout de même), les domestiques sont aux petits soins.

La Lanterne est certainement la demeure de la République qu'a le plus fréquentée la famille de François Hollande. À la belle saison, Thomas, son aîné, y invite des amis, avec lesquels il lézarde au bord de la piscine. Celle-ci, construite à la demande de Michel Rocard à la fin des années 1980, est le gros atout de cette propriété. Tout comme son terrain de tennis sur lequel Édith Cresson aimait taper quelques balles. La maison est ceinte par quatre hectares de verdure, où cohabitent bosquets, fontaines et statues. Valérie Trierweiler y court quotidiennement et parfois même chevauche une bicyclette, parcourant jusqu'à trente-sept kilomètres dans la forêt de Versailles. Ses gardes du corps l'escortent dans ses périples, même s'il ne leur est pas toujours facile de suivre l'énergique Première dame. Valérie Trierweiler aime cet endroit plus que n'importe quel autre, y retrouvant un semblant de campagne. « J'y ai sans doute passé les meilleurs

---

10. Émilie Lanez, *La Garçonnière de la République, op. cit.*

moments de ma vie auprès du président[11] », se souvient-elle, décrivant le lieu comme « une maison sereine, protégée par des arbres immenses et centenaires ». C'est d'ailleurs là qu'elle viendra s'isoler après la révélation de la liaison entre François Hollande et Julie Gayet.

Un matin d'août 2013, alors qu'elle est sur son vélo, Valérie Trierweiler est surprise par deux paparazzi, au détour d'une allée. Contre l'avis des policiers qui l'accompagnent, elle interpelle ces photographes trop fouineurs. « Vous perdez votre temps. Le président ne sortira pas, vous n'en aurez aucun cliché. Vous pourrez me photographier sur mon vélo chaque jour, mais cela n'a aucun intérêt. Lui, vous ne l'aurez pas. Vous feriez mieux de rester avec vos familles », les prévient-elle. En effet, en vacances à *La Lanterne,* François Hollande ne sort que très rarement de son bureau, ne levant jamais le nez de ses dossiers. Il ne s'autorise qu'un petit tour dans le jardin à l'abri des regards, et quelques bons dîners éclairés par des chandelles, surtout quand ses enfants sont de passage. Il ne se baigne pas, ne joue pas au tennis et ne lit guère. « Il travaillait tout le temps pendant ses vacances. Je ne lui connais pas vraiment de passion, mis à part le travail. Il respire politique, mange politique, vit politique[12] », résume son ancien conseiller en communication, Gaspard Gantzer. « Finalement, la seule différence avec l'Élysée, c'est qu'à *La Lanterne,* il n'avait pas de réunions », ajoute-t-il.

---

11. Valérie Trierweiler, *Merci pour ce moment, op. cit.*

12. Entretien avec l'auteur, 29 août 2020.

L'été suivant, en 2014, le président ne prend pas plus de vacances. Une dizaine de jours, tout au plus, durant lesquels il s'installe de nouveau dans le pavillon du château de Versailles, avant de le quitter, sur la pointe des pieds, direction le sud. Où va-t-il exactement ? Ni dans sa villa de Mougins ni chez son père, assure l'Élysée. Pas plus qu'à Brégançon. « Pourquoi serait-il retourné au fort, de toute manière ? interroge Gaspard Gantzer, C'est froid, austère et il n'y a rien à y faire[13]. » Son lieu de villégiature est donc couvert comme un grand mystère. Le Palais dévoile simplement qu'il y fêtera ses 60 ans, entouré de sa famille et de ses amis.

Les paparazzi prendront deux jours avant de retrouver la trace du président, dans la propriété de Virginie Taittinger, propriétaire de la célèbre maison de champagne, à La Garde-Freinet dans le Var. Des photos de lui peu flatteuses – en train de lire un journal au bord d'une piscine, torse nu, traces de crème solaire sur le front – paraissent alors dans la presse. L'Élysée soupçonnera une taupe parmi les agents de sécurité du président, tant l'opération « vacances ultra-secrètes » aurait dû se dérouler jusqu'au bout sans accroc.

En 2016, alors que la France panse ses plaies après l'attentat de Nice, le 14 juillet, et celui de Saint-Étienne-du-Rouvray, le 26 juillet, François Hollande trouve plus approprié de ne pas s'accorder de congés. « Nous avons été confrontés à la plus grande vague d'attentats de notre histoire, l'ambiance n'était pas propice aux vacances », se souvient Gaspard Gantzer. Qui aurait accepté de voir le chef de l'État sur une chaise longue

13. *Ibid.*

alors que la menace terroriste n'avait jamais été si élevée? À son retour de Rio de Janeiro, où il a assisté à la cérémonie d'ouverture des Jeux olympiques, François Hollande ne quitte donc l'Élysée qu'en pointillés, deux ou trois jours, entre différentes réunions de sécurité. Jamais, durant son mandat, un président ne sera parti aussi peu en vacances.

On me voit, on ne me voit plus...

Au fil des étés, le président Hollande améliore son art de la fugue. Quand vient le temps des vacances, du jour au lendemain, il arrive à disparaître, à s'évaporer, comme par magie. Le 7 août 2015, il accueille, sur le tarmac de l'aéroport militaire de Villacoublay, Isabelle Prime, dernière otage française retenue dans le monde, enlevée quelques mois plus tôt au Yémen. En descendant de l'avion, la jeune femme tombe dans les bras du chef de l'État. Le moment est émouvant. Mais quelques minutes plus tard, François Hollande s'est volatilisé. Le président est parti en congés, sans même dire où il allait. Cette discrétion est devenue une habitude. À tel point que quiconque voudrait se renseigner sur sa destination se fait envoyer sur les roses par ses conseillers à l'Élysée. L'entourage du président est sur les nerfs quand le sujet des vacances est abordé : « Il protège sa vie privée. Il a bien raison et il l'a bien mérité. [...] Vous ne voulez pas aussi que je vous donne la marque de son caleçon de bain? » s'agace Julien Dray, un proche, quand il est interrogé par *Le Figaro*.

Même les plus fins enquêteurs des rédactions parisiennes se cassent le nez en voulant retrouver la trace du président.

Cela devient presque un jeu : moins François Hollande en dit, plus la presse, en particulier *people*, a envie d'en savoir. Ce mois d'août 2015, elle attend surtout qu'il se montre enfin avec sa compagne Julie Gayet. L'été précédent, les rumeurs étaient allées bon train, prétendant même que les deux amants allaient se marier le jour de l'anniversaire du président. Mais les noces étaient restées de l'ordre du fantasme journalistique.

« Même quand on est chef de l'État, si on veut cacher quelque chose, on arrive à le faire[14], assure Gaspard Gantzer, qui maîtrise le sujet. Cette théorie se confirme donc en août 2015, puisque durant cinq jours, personne ne saura où se trouve François Hollande. Certains se demandent s'il ne réapparaîtra, là encore comme par magie, que dix jours plus tard, pour le conseil des ministres de rentrée, inscrit à son agenda. Dans les rangs de la droite, on s'amuse de cet évanouissement inexplicable et inexpliqué; plaisantant sur une possible équipée à Baden-Baden, comme l'avait fait le général de Gaulle en 1968. Finalement, le 12 août, le président est photographié par *Var-Matin* et *Le Parisien*, à Aiguines, aux portes des gorges du Verdon, où il est venu fêter ses 61 ans avec une vingtaine d'amis, dont le ministre Bernard Cazeneuve, qui possède une maison dans ce village, et Jean-Pierre Jouyet, secrétaire général de la présidence de la République. Pour l'occasion, ils déjeunent tous au *Vieux Château*, un petit restaurant traditionnel. « Il y a une semaine, on nous avait réservé une belle table d'anniversaire

14. Entretien avec l'auteur, *op. cit.*

pour une vingtaine de personnes. Mais on ne savait pas pour qui c'était. On s'est aperçu qu'il s'agissait du président de la République au dernier moment, quand il est arrivé avec ses amis[15] », raconte le patron de l'établissement. « Comment m'avez-vous retrouvé ? », interroge d'ailleurs le président en voyant la presse l'attendre de pied ferme à Aiguines. Il avait en effet tenté de brouiller les pistes, laissant croire qu'il pouvait être dans la propriété de Jacques Attali, à Murs, près de l'Isle-sur-la-Sorgue, ou au château de Cadreils, dans le Gers, résidence secondaire de la famille de Julie Gayet. La propriété avait même été survolée quelques jours plus tôt par un ULM, commandé par un paparazzi. « Un espionnage que les parents de l'actrice n'ont guère apprécié. Ils ont déposé plainte, bientôt classée sans suite par le procureur de la République d'Auch, Pierre Aurignac[16] », écrivent les journalistes Soazig Quéméner et François Aubel, auteurs d'un livre sur « l'intermittente de l'Élysée » – ainsi l'ont-ils qualifiée.

L'actrice est d'ailleurs étrangement absente de ce déjeuner d'anniversaire. Mais une fois ses bougies soufflées, François Hollande s'éclipse une nouvelle fois… pour la rejoindre. Le quotidien *Var-Matin* assure qu'il serait retourné chez Virginie Taittinger, à La Garde-Freinet. Mais le président s'est en fait réfugié chez le beau-frère de celle-ci, son ami Jean-Pierre Jouyet, qui vient d'acquérir une maison dans la baie de Cavalaire, à La Croix-Valmer, à une dizaine de kilomètres de Saint-Tropez. Cette commune provençale est alors connue

15. *Le Parisien*, 14 août 2015.

16. Soazig QUÉMÉNER et François AUBEL, *Julie Gayet, une intermittente à l'Élysée*, Éditions du Moment, 2016.

pour abriter quelques personnalités, dont l'actrice Joan Collins, l'inoubliable Alexis Morell Carrington de la série *Dynastie*. En 2017, la star avait d'ailleurs dû être évacuée de sa villa, face à l'avancée des incendies qui ravageaient la région.

À La Croix-Valmer, comme partout, François Hollande continue de travailler beaucoup. Même s'il « lui arrive de veiller au bon fonctionnement du barbecue[17] ». Julie Gayet, de son côté, profite enfin de ces moments simples qu'elle peut partager avec son compagnon et ses amis. Les alentours de la demeure des Jouyet sont discrètement gardés, le président et la Première dame officieuse ne seront donc pas importunés.

Pourquoi François Hollande avait-il eu besoin de se donner en spectacle, le temps d'un déjeuner d'anniversaire, qu'il savait pertinemment médiatisé ? Pourquoi avait-il eu besoin ensuite de retourner se terrer à La Croix-Valmer, gardant sa vie privée comme le plus précieux des trésors ? Il a pourtant été le président de la République qui s'est le plus confié aux journalistes. On se souvient du livre *Un président ne devrait pas dire ça*, écrit par Fabrice Lhomme et Gérard Davet, pour lequel le chef de l'État leur avait accordé plus d'une soixantaine d'entretiens, environ un chaque mois durant cinq ans. À sa parution, certains l'avaient qualifié de « suicide médiatique ». C'est là toute la contradiction de François Hollande qui, jusqu'au bout, n'aura jamais rien voulu dire sur ses vacances.

17. *Ibid.*

Emmanuel Macron

L'épreuve du premier été

Quand le soleil se couche sur la cité phocéenne, il faut monter sur les hauteurs de la ville, au belvédère d'Allauch, qui offre une vue imprenable sur le massif des calanques. De là, on a l'impression d'être au bout du monde. Ce soir du 11 août 2017, quelques vacanciers se sont installés devant cet incroyable point de vue, pensant être les seuls privilégiés à profiter du spectacle. Mais voilà qu'un policier, habillé en civil, surgit de derrière la garrigue, puis un deuxième, un troisième, et encore quelques autres. À leur suite, arrive une dame élégante, chevelure blonde impeccable sur laquelle se reflètent les derniers rayons du jour. Malgré ses lunettes aux verres fumés, les vacanciers croient la reconnaître. Ne serait-ce pas Brigitte Macron ? Plus de doute, quand apparaît, à ses côtés, le chef de l'État, en polo et baskets. Le couple présidentiel admire quelques secondes le paysage, puis s'apprête à repartir, mais la Première dame s'aperçoit que, contrairement à ce qu'elle croyait, ils ne sont pas seuls. Elle salue alors d'un petit geste de la main les badauds présents, puis s'évanouit dans la lumière vespérale. Quelques minutes plus tard, une photo est postée sur les réseaux sociaux par l'un des témoins de la scène, reprise rapidement par la presse, et notamment par le *Journal du Dimanche* qui révèle, le lendemain, le lieu de villégiature des Macron. Il devait pourtant être tenu secret. Mais à l'heure des réseaux sociaux, il est difficile de se faire discret.

Si on avait pu lui reprocher son manque d'expérience, le tout jeune président de la République – 39 ans au moment de son élection en mai 2017 – savait une chose : le premier été est un moment décisif, qui peut vite s'avérer meurtrier. Ses deux prédécesseurs en étaient l'exemple : les vacances américaines de Nicolas Sarkozy avaient viré au cauchemar, et celles de François Hollande au fort de Brégançon avaient été désastreuses. Il valait donc mieux ne pas se rater ! Début juillet, la question de la destination de vacances du président était donc déjà posée. Irait-il au Touquet, ce lieu qui avait été si symbolique dans sa course à l'Élysée ? Brigitte Macron a passé une partie de son enfance dans cette station balnéaire de la Côte d'Opale, après que ses parents y avaient acquis une maison, à la fin des années 1950, rebaptisée la villa *Monéjean*. La Première dame en a hérité et en a fait son havre de paix, même si cette demeure de plusieurs étages, rénovée à grands frais par le couple présidentiel, est située dans la rue la plus passante de la ville, exposée à tous les regards curieux. Brigitte et Emmanuel Macron se sont mariés au Touquet en 2007, après y avoir vécu quelques-uns des premiers épisodes de leur histoire d'amour. Le futur président de la République avait aussi failli y être candidat aux municipales, en 2008. C'est également durant un séjour à la villa *Monéjean* qu'il a pris la décision de se présenter à la présidentielle, puis y a rédigé son livre, *Révolution*, sorte de programme politique déguisé. Enfin, quelques heures avant le second tour, le 7 mai 2017, les Macron prenaient un bain de foule dans cette ville où ils reviennent à chaque échéance électorale pour voter. En somme, Le Touquet est le « décor privilégié du *storytelling* présidentiel[1] ». Pourtant, le chef de l'État ne choisit pas de s'y ressourcer en ce premier été.

Pourrait-il alors aller à *La Lanterne*, le manoir versaillais adoré des politiques ? « S'il reste près de Paris, il va nous appeler tout le temps pendant les vacances[2] », confie l'un de ses collaborateurs au quotidien *Le Parisien*, qui mène l'enquête. Le président a en effet besoin de prendre ses distances pour réussir à « décrocher », comme on dit. Une autre hypothèse est avancée par le quotidien italien *Corriere Della Sera* qui prétend que le président français passera ses congés de l'autre côté des Alpes, dans les Pouilles. L'information est contredite par l'Élysée qui assure qu'Emmanuel Macron partira bien quelque part en France, une quinzaine de jours. De son côté, il aurait émis le souhait d'aller à Brégançon, mais le fort est encore ouvert au public pour un été, comme l'avait voulu son prédécesseur. Juste avant son départ de l'Élysée, François Hollande avait fait prolonger son statut touristique jusqu'à la fin septembre. Certains y verront bien évidemment une vacherie intentionnelle. Quand Emmanuel Macron quitte Paris le 10 août, personne ne sait encore où il

---

1. Renaud DÉLY et Marie HURET, *Les Macron du Touquet-Élysée-plage*, Seuil, 2020.
2. *Le Parisien*, 9 août 2017.

va. Mais un jour plus tard, le mystère est déjà percé, à cause de ces quelques clichés postés sur Twitter.

Emmanuel Macron s'est donc installé dans la cité phocéenne, une destination populaire en décalage avec le côté plus tape-à-l'œil qu'ont d'autres villes de la Côte d'Azur. Même si « là où il est, c'est le triangle d'or de Marseille. Le Roucas blanc, c'est aussi l'endroit où on peut croiser Kad Merad ou Laurent Ruquier[3] », tient à préciser Stéphane Ravier, alors maire frontiste du 7e secteur de la métropole. Le président et la Première dame résident en effet dans la villa privée du préfet de la région PACA, Stéphane Bouillon. Située dans un quartier chic sur les hauteurs, elle surplombe la fameuse corniche Kennedy, nommée en l'honneur du président américain assassiné, et est toute proche de la plage du Prado. Particulièrement grande, avec un jardin et une piscine, elle est aussi facilement sécurisable. Un point important qui a convaincu le président d'y poser ses valises. Son propriétaire sera, quant à lui, récompensé pour son zèle, puisque Stéphane Bouillon sera nommé directeur de cabinet du ministre de l'Intérieur, Christophe Castaner, puis secrétaire général de la Défense et de la Sécurité nationale, chargé de conseiller le Premier ministre, à partir d'août 2020.

Après les révélations du *Journal du dimanche* sur sa destination, Emmanuel Macron ne se cache plus. Dès le lendemain, il visite le château de la Buzine, immortalisé par Marcel Pagnol. Puis il est aperçu en train de courir sur le sable,

3. *Le Figaro*, 14 août 2017.

dans une tenue peu formelle : il porte en effet un maillot aux couleurs de l'Olympique de Marseille et siglé à son nom. Le président est un grand fan de ce club de football, et profite même de ce séjour massaliote pour rendre visite aux joueurs de l'équipe dans leur centre d'entraînement. « Petite visite surprise du président de la République, supporter numéro 1 de l'Olympique de Marseille, merci président », se réjouit le milieu de terrain, Gregory Sertic, en postant une photo sur son compte Instagram. De secrètes, les vacances du chef de l'État sont devenues ultra-médiatisées.

Au fond de la piscine

Une piscine ? Et pourquoi pas un centre aquatique tout entier tant qu'il y est ! Emmanuel Macron n'avait certainement pas tiré les leçons des déboires de ses prédécesseurs, notamment de la polémique des coussins de François Hollande. Après l'été 2012, le président socialiste l'avait d'ailleurs bien compris : « Tout investissement lourd sur Brégançon aurait été immédiatement critiqué[4]. » Les Français sont certes attachés à cet Élysée d'été et aiment voir leur président y séjourner. Mais jamais ils n'acceptent de dépenser le moindre radis pour l'entretenir. Brégançon est ce symbole inébranlable, qui voit défiler mandats et locataires sans jamais être modifié, ou presque, et cela leur convient très bien comme ça. Déjà, au tout début de l'occupation du fort, les travaux effectués à la demande du Général avaient été pointés du doigt.

4. Entretien avec Guillaume Daret pour *Le Fort de Brégançon*, Éditions de l'Observatoire.

« Brégançon, coûteuse résidence présidentielle », titrait *Aux écoutes du monde*, alors que De Gaulle n'y avait pas encore mis les pieds. Cinquante-quatre ans plus tard, la piscine voulue par Emmanuel Macron fait d'autant plus scandale que l'époque a changé, on le sait.

S'il n'a pas pu résider dans le fort varois durant son premier été de président, il compte s'y installer dès les longs et beaux week-ends de mai 2018. Le 17 août 2017, il visite ainsi en toute discrétion la résidence, en compagnie de son épouse, pour juger par lui-même de l'endroit et des aménagements nécessaires. La Première dame souhaite quelques réfections en matière de sécurité, pour prévoir la venue de ses petits-enfants, mais aussi une modernisation de la cuisine, pas assez fonctionnelle selon la brigade de l'Élysée. « Et ici, là, entre ces pins, ne pourrait-on pas creuser une piscine ? » interroge le couple présidentiel. Il est vrai qu'un bassin où barboter, ou simplement se tremper les orteils, a toujours manqué cruellement au fort. Nombreux sont les locataires, à commencer par Claude Pompidou, qui l'avaient envisagé, sans jamais aller au bout du projet. De son côté, Carla Bruni en prévoyait la construction en cas de réélection de son mari.

Le couple Macron concrétise donc ces plans de piscine qui dormaient depuis longtemps. Fin juin, alors que les Français rêvent déjà de doigts de pieds en éventail, *L'Express* révèle que l'Élysée étudie la possibilité de construire un bassin au fort. Un hors-sol puisqu'il est impossible de creuser quoi que ce soit dans les jardins de ce monument classé depuis 1968. Autre avantage : ce genre d'installation coûte moins cher qu'une piscine enterrée et peut être utilisé quarante-huit heures après le montage. Ces travaux sont donc loin d'être pharaoniques, justifient immédiatement les services de la présidence, pour couper court à la polémique naissante. Ils arguent également que le coût de cette piscine est inférieur à celui des moyens nécessaires pour assurer la sécurité du couple présidentiel en mer. Brégançon dispose en effet d'un accès privé à la Méditerranée, mais pas vraiment à l'abri des paparazzi. À chaque baignade, il faut donc prévoir un lourd dispositif, avec deux bateaux de surveillance et des dizaines d'officiers.

Immédiatement, l'opposition, de droite comme de gauche, profite de cette histoire de piscine pour fustiger le train de vie de celui qu'elle considère comme le « président des riches ». « Sa piscine sera hors-sol comme sa politique », se permet le premier secrétaire du Parti socialiste, Olivier Faure. L'Élysée se voit alors obligé de communiquer le montant exact de cette installation : trente-quatre mille euros, prélevés sur les cent cinquante mille euros de budget annuel alloué au fort.

La première à profiter de cette piscine est Theresa May, invitée à Brégançon dès le début des vacances des Macron, le 3 août 2018. La président y reçoit la Première ministre anglaise pour s'entretenir de l'avancée du Brexit. De retour d'un séjour en Italie, la Britannique fait donc une halte dans le Var, le temps d'une réunion de travail et d'un dîner amical à quatre, avec son époux, Philip May, et la Première dame Brigitte Macron. Le tout face à la Méditerranée. Peut-on rêver meilleur cadre pour discuter de l'avenir de l'Europe ? Emmanuel Macron veut ainsi redonner au fort un rôle diplomatique, comme il avait pu l'avoir en 1985, lors du mini-sommet entre François Mitterrand et

Helmut Kohl. Depuis, les présidents l'avaient peu utilisé à des fins politiques. En août 2004 tout de même, Jacques Chirac y avait scellé la réconciliation franco-algérienne, en y conviant Abdelaziz Bouteflika. À l'issue des cérémonies du 60e anniversaire du débarquement de Provence, le président algérien avait déjeuné au fort, pendant près de quatre heures, et en était ressorti ravi, assurant qu'une « page est bien tournée maintenant ». Le président Chirac lui avait-il fait servir l'une de ces fameuses bouillabaisses qu'il aimait tant ? En août 2008, en réponse à l'invasion de la Géorgie par les troupes russes, Nicolas Sarkozy avait accueilli à Brégançon la cheffe de la diplomatie américaine, Condoleezza Rice. Le chef de l'État français, alors président intérimaire de l'Union européenne, et la secrétaire d'État de la *Maison Blanche* comptaient trouver ensemble une solution à la sortie de ce conflit aux répercussions internationales. Dans les premiers temps de son mandat, François Hollande comptait également recevoir ses homologues étrangers à Brégançon, comme le font les présidents américains dans leur lieu de villégiature de Camp David, mais il abandonna rapidement cette idée.

Emmanuel Macron veut donc redonner à Brégançon sa splendeur passée, et plus encore, tout son poids symbolique. Quoi de mieux qu'un fort pour incarner la puissance d'une nation ? Après avoir impressionné Vladimir Poutine avec les ors et apparats du Grand Trianon au château de Versailles, en l'y recevant dès mai 2017, il convie le président russe dans son Élysée d'été en août 2019. À quelques jours du G7, organisé à Biarritz – dont la Russie est exclue depuis l'annexion de la Crimée en 2014 –, le président français tient à rencontrer son homologue soviétique pour réconcilier le pays des tsars et la vieille Europe, dont il s'éloigne de plus en plus. « Nous croyons à l'Europe qui va de Lisbonne à Vladivostok », se targue Emmanuel Macron, devant quelques journalistes installés dans la cour du fort pour une rapide conférence de presse, paraphrasant ainsi le général de Gaulle qui la voyait s'étendre « de l'Atlantique à l'Oural ». Ce lundi 19 août, vers le milieu de l'après-midi, la quiétude de Brégançon est donc troublée par le ballet incessant des services de sécurité russes et des limousines noires amenant plusieurs dizaines de conseillers. Puis le vrombissement d'un hélicoptère vient couvrir le chant des cigales. Vladimir Poutine en descend, bouquet de fleurs blanches à la main, pour l'offrir directement à Brigitte Macron, dont il complimente au passage le teint hâlé. Le président russe remarque également le bronzage de son homologue français, qui a visiblement pris le temps de lézarder sur une chaise longue. Sous un soleil de plomb, il fait rapidement le tour du propriétaire, avant d'entamer une réunion de travail et de passer en revue plus d'un dossier brûlant. La journée se termine par un traditionnel dîner, préparé par le chef de l'Élysée. À son tour, Angela Merkel a droit aux honneurs de Brégançon, en août 2020. « Le plus bel endroit du monde, merci pour l'invitation », complimente la chancelière à son arrivée, flattée d'y être reçue tout juste trente-cinq ans après Helmut Kohl.

Sous le quinquennat d'Emmanuel Macron, le fort varois devient donc un lieu à caractère diplomatique, loin de l'usage qu'en faisait Georges Pompidou qui n'y accueillait que de la famille et des amis.

Alors, pris par de nombreuses réunions de travail, Emmanuel Macron a-t-il le temps de grenouiller dans son bassin hors-sol flambant neuf? « Je n'aime pas les piscines, je préfère mille fois la mer, elle est bonne, c'est magnifique », avait osé confier le président à une passante, lors d'une promenade aux alentours du fort. Un aveu qui n'avait fait que jeter de l'huile sur le feu.

Un dîner au Luxembourg

Dressé sur un piton rocheux de trente-cinq mètres de haut, Brégançon a tout d'une austère forteresse, dans laquelle les présidents se sont souvent sentis isolés. « C'est une caserne militaire améliorée, c'est très bas de plafond, ça n'avait pas été étudié pour être un palais présidentiel, confirme Stéphane Bern. Les fenêtres font la taille d'une meurtrière. Les pièces sont petites. Je ne trouve pas que ça soit la résidence estivale idéale[5]. » Dans ce fort spartiate, Jacques Chirac se plaignait de manquer de compagnie, oubliant qu'il y avait pourtant des voisins d'exception. À quelques dizaines de mètres à vol d'oiseau, la famille grand-ducale luxembourgeoise passe chaque été dans sa villégiature varoise, la *Tour Sarrazine*. Elle est propriétaire de cette superbe villa, avec vue sur la Méditerranée, depuis 1949, date à laquelle le général de Gaulle voulut trouver une façon de remercier la grande-duchesse Charlotte de son engagement durant la Seconde Guerre mondiale. Le 10 mai 1940, la famille

5. Entretien avec l'auteur, 5 novembre 2020.

régnante avait en effet quitté *in extremis* le Luxembourg, envahi par les troupes nazies. Si la grande-duchesse, sur le trône depuis 1919, avait fui, ce n'était pas par lâcheté, mais au contraire pour participer à la résistance. D'abord réfugiée en France, dans le Périgord, puis au Portugal, la souveraine avait fini par s'établir à Londres, où elle s'adressait fréquemment à ses sujets sur la BBC. Elle rencontra également à plusieurs reprises le président Roosevelt, pour le convaincre de faire entrer les États-Unis d'Amérique en guerre. Bref, la grande-duchesse avait été un symbole dans cette période troublée, acclamée lors de son retour au pays. Elle avait été pour les Luxembourgeois ce que le Général avait été pour les Français. L'homme du 18 juin avait pu compter sur elle durant toutes ces années, il avait donc voulu l'en gratifier.

En 1949, la famille grand-ducale fait l'acquisition d'un ancien fort de la Marine nationale et de trente-trois hectares sur la commune de Cabasson, juste en face des îles de Port-Cros et de Porquerolles. De Gaulle lui offre alors un statut d'extraterritorialité qui, aujourd'hui encore, fait débat. Existe-t-il vraiment une enclave luxembourgeoise dans le Var ? Ou est-ce une légende qui s'est cristallisée avec le temps ? L'anecdote semble trop belle pour être vraie. Une borne « L », située à l'entrée du domaine, indique pourtant le caractère exceptionnel de cette propriété. Quand on y pénètre, on ne serait donc plus dans l'Hexagone, mais sur les terres du grand-duché. L'originalité est d'autant plus cocasse que le président français doit forcément y passer pour rejoindre le fort de Brégançon, excepté s'il arrive par hélicoptère. La seule voie carrossable, longue d'un kilomètre, traverse en effet la *Tour*

Sarrazine. Pour aller dans le Var, les Macron font donc un détour par l'étranger. L'extravagance continue de faire rire.

Mais aucun document officiel ne semble attester de ce statut particulier. Dans les dossiers de la mairie de Bormes-les-Mimosas, il n'y a pas la trace d'une ligne qui le mentionne. La *Tour Sarrazine* serait donc une simple propriété privée, où la loi française serait en vigueur, comme partout ailleurs. Cette borne « L » ne serait là que pour participer au folklore et nourrir le mythe du fort de Brégançon.

Extraterritorialité ou pas, la municipalité a tout de même dû demander une autorisation au grand-duc pour que les visiteurs du fort, nombreux chaque jour, puissent, accompagnés d'un guide, longer son domaine. Tout comme le président Français qui ne vient jamais en vacances sans en avertir son voisin. « La courtoisie fait que le président prévient le grand-duc pour utiliser sa route[6] », explique Stéphane Bern, proche d'Henri et Maria Teresa de Luxembourg. Entre autres politesses, le chef de l'État ne déroge jamais à la coutume d'un dîner à la *Tour Sarrazine*. De Georges Pompidou à Emmanuel Macron, tous ont honoré cette tradition. La cohabitation a ainsi toujours été très cordiale, comme avec les Weiller, propriétaires de la villa *La Reine Jeanne*, elle aussi toute proche. Ainsi un été, la petite-fille de Paul-Louis Weiller, Sybila, rencontra Guillaume de Nassau, fils cadet du grand-duc Jean, et ils finirent par se marier. Dans le triangle d'or que forment ces trois résidences, des romances voient parfois le jour.

---

6. Entretien avec l'auteur, *op.cit.*

Les vacances d'été sont donc toujours un moyen pour le dirigeant français de renforcer ses liens avec le Luxembourg, un petit État, certes, mais qui a une place non négligeable dans l'Union européenne. « Il y a des présidents qui ont plus ou moins utilisé cette relation de voisinage[7] », laisse entendre Stéphane Bern. François Hollande, lui, y a trouvé un intérêt. En 2012, juste avant de venir à Brégançon, il était allé à Londres soutenir les athlètes qui défendaient le drapeau bleu-blanc-rouge aux Jeux olympiques d'été. Déjà à l'époque, Paris avait postulé pour les organiser, mais la capitale anglaise lui avait été préférée. Pour autant, le président socialiste n'abandonnait pas cette idée. Il voulait être celui qui ramènerait les jeux en France, après un siècle d'attente et d'échecs cuisants. Son séjour dans le Var tombe alors à point nommé, puisque le grand-duc Jean est membre du Comité olympique. Autour d'un dîner à la *Tour Sarrazine*, avec en fond le bruit des vagues et des cigales, la conversation se fait rapidement amicale. François Hollande demande alors au grand-duc quelques conseils. « C'était très utile car il est très influent dans les questions d'olympisme, a-t-il par la suite confié au journaliste Guillaume Daret. Il était là quand on a perdu en 2005. Il m'a expliqué avec précision pourquoi Paris n'avait pas été choisi face à Londres[8]. » La candidature française manquait notamment d'un film de présentation de qualité ou encore d'une figure sportive pour l'incarner. François Hollande a visiblement retenu la leçon puisque, le 13 septembre 2017, Paris a officiellement été désignée ville hôte des J.O. 2024.

---

7. Entretien avec l'auteur, *ibid.*

8. Guillaume Daret, *Le Fort de Brégançon*, *op. cit.*

Malheureusement, il n'était alors plus à l'Élysée, et c'est donc la maire de Paris, Anne Hidalgo, qui a récolté toute la gloire. Mais peu importe, en 2024, il assistera sans nul doute à l'entrée de la flamme dans la capitale, et se souviendra de cette soirée varoise qui lui avait donné de l'espoir.

À son tour, Emmanuel Macron se plie toujours à cette visite de courtoisie chez les Luxembourg. En août 2018, les vacanciers revenant de la plage de Cabasson ont ainsi pu apercevoir le couple présidentiel et le couple grand-ducal se promenant ensemble à bord d'une voiturette électrique. Au volant du rutilant véhicule, le grand-duc Henri s'amusait à saluer la foule de curieux, tout comme Emmanuel Macron sur le siège passager, ainsi que Brigitte Macron et la grande-duchesse Maria Teresa assises à l'arrière. « Si les carrosses et autres véhicules officiels ont généralement les faveurs des souverains et chefs d'État, l'été peut être propice à l'utilisation de moyens de transport plus… insolites[9] », commente le magazine spécialiste des têtes couronnées, *Point de Vue*. Quelques mois plus tôt, Emmanuel Macron avait accueilli à l'Élysée le grand-duc et la grande-duchesse, qui effectuaient un voyage d'État en France, le premier pour un souverain luxembourgeois depuis quarante ans. Mais cette fois, l'ambiance était différente. Les deux hommes avaient troqué leur costume-cravate contre un pantalon beige et une paire de mocassins. Tandis que ces dames arboraient des robes estivales très chatoyantes. La diplomatie prend une tout autre couleur à Brégançon.

---

9. *Point de Vue*, 22 août 2018.

Sur la vague

« Emmanuel Macron tente de résoudre tous les problèmes du monde, assis sur son jet-ski », titre ironiquement le *Sunday Times*, le 12 août 2020. Au cœur de l'été, le président français ne veut pas se faire oublier et est bien décidé à ce que l'on parle de lui, aussi bien dans la presse nationale qu'internationale. Depuis le fort de Brégançon, devenu assurément son Élysée d'été, il est sur tous les fronts. Cette pause estivale ne ressemble d'ailleurs plus vraiment à des congés, mais plutôt à un simple changement de décor pour l'exercice du pouvoir. Dans le Var, il travaille tout autant qu'à Paris. Des vacances « studieuses », comme a désormais l'habitude de les qualifier l'Élysée. Seul son bureau est différent. La terrasse du belvédère, au sommet du fort, qui surplombe la Méditerranée, offre un cadre plutôt idyllique pour traiter les piles de dossiers, tout en bronzant. Le président peut ainsi se féliciter d'avoir un teint joliment hâlé, alors que jamais il ne prend le temps de s'allonger sur un transat. De là, il surveille son épouse, Brigitte, qui nage avec ses petits-enfants dans une crique de rochers, protégée des regards curieux. Son téléphone n'arrête pas de sonner. Si les réunions avec ses collaborateurs parisiens sont moins fréquentes – il faut bien qu'il leur laisse un peu de temps pour souffler –, il passe des appels aux dirigeants du monde entier, de Donald Trump à Vladimir Poutine, ou encore au prince héritier d'Arabie saoudite, Mohammed ben Salmane. Même à Brégançon, Emmanuel Macron ne déroge pas à un agenda rigide, qu'aucun de ses prédécesseurs ne s'était imposé durant l'été. Il travaille toute la matinée, jusqu'à midi environ. Il s'interrompt alors pour une séance de sport : de la boxe ou un jogging sur les hauteurs de Bormes-les-Mimosas, avec ses gardes du corps. Ces derniers, athlètes surentraînés, font suer le président sur pas moins de douze kilomètres, à l'heure où le soleil est le plus haut. « Macron souffre mais relève le défi tous les deux jours[10] », raconte le directeur de la rédaction de *Paris Match*, Olivier Royant, qui a rendu visite au président sur son lieu de vacances, pour le traditionnel reportage estival publié en couverture de l'hebdomadaire. Après le déjeuner, il se remet à son bureau, en extérieur ou en intérieur, tout dépend de la force du mistral, avant de descendre enfin, vers 17 heures, pour faire quelques brasses et plongeons, en famille. Emmanuel Macron ne résiste jamais à une sortie en jet-ski, son joujou préféré, qu'il enfourche à chacun de ses séjours dans le Var. « Il confie aimer la vitesse sur l'eau, même si ses cervicales en sortent parfois endolories[11]. »

À cheval sur son destrier des mers, le président se laisse même prendre en photo, regard fier et biceps saillants sous le gilet de sauvetage, dans une fausse paparazzade. « Il avait l'air heureux. Il a même fait de superbes dérapages et arrosé ses gardes du corps les uns après les autres[12] », raconte un témoin de la scène. Les clichés font le tour des réseaux sociaux et des médias, à tel point que la chancelière Angela Merkel, en visite à Brégançon le 20 août, fait remarquer à son hôte qu'ils ne lui ont pas échappé à elle non plus : « On a vu de belles photos de vos vacances dans les journaux

10. *Paris Match*, 20 août 2020.

11. *Ibid.*

12. *Voici*, 7 août 2020.

allemands… sur le jet-ski », lance-t-elle à un Emmanuel Macron visiblement embarrassé. L'image fait en effet rire, tant le président veut jouer les super-héros en cet été 2020, comme le souligne justement le titre moqueur du *Sunday Times*. Du Liban à la Biélorussie, en passant par la Turquie, il a rarement été aussi présent sur la scène internationale, alors qu'il est censé se reposer.

Le 4 août 2020 en fin d'après-midi, deux explosions successives, d'une rare violence, ravagent le centre de Beyrouth sur plusieurs kilomètres. Les images de la capitale libanaise, pleine de sang et de larmes, tournent en boucle sur les télévisions du monde entier. Dans le salon de Brégançon, Emmanuel Macron reste scotché à son écran, horrifié par cette tragédie qui touche cette nation déjà durement harassée par la pandémie de coronavirus. Le président n'hésite pas une seule seconde à partir, deux jours plus tard, pour Beyrouth. Il est le premier chef d'État sur place, marchant au milieu des gravats et des décombres, acclamé comme le messie par la population locale. « Parce que c'est la France, parce que c'est le Liban », répète-t-il à ceux qui l'accusent d'ingérence. N'appelle-t-on pas d'ailleurs Beyrouth le « Paris de l'Orient » ? Il évoque les liens forts et historiques qui unissent les deux pays. En 1920, la Société des Nations, l'organisation internationale ratifiée par le traité de Versailles, avait confié à la France l'administration du Liban. Mais voilà, ce mandat est terminé depuis 1943, lorsque le pays du Cèdre a pris son indépendance. Cette visite a donc été considérée, par certains analystes politiques et historiens, comme le reflet d'une attitude paternaliste, voire colonialiste, qui laisse croire que la France peut interférer directement dans les affaires libanaises. « Nous ne vous abandonnerons jamais », promet le président de la République, prenant dans ses bras des sinistrés. Il assure également qu'il conduira l'aide humanitaire et financière apportée par l'Europe. Si tous ses homologues sont en vacances, lui ne l'est assurément pas.

Autre dossier brûlant qui occupe les après-midi bréganconniens du président : la situation en Biélorussie. Le lundi 10 août, Alexandre Loukachenko, en poste depuis 1994, est réélu pour un sixième mandat avec 80,2 % des suffrages, alors que sa principale opposante, Svetlana Tikhanovskaïa, avait connu une vague de soutien populaire inédite. De nombreux manifestants descendent immédiatement dans les rues de Minsk, la capitale, soutenus par plusieurs dirigeants de l'Union européenne, dont Emmanuel Macron en premier plan. « L'Union européenne doit continuer de se mobiliser aux côtés des centaines de milliers de Biélorusses qui manifestent pacifiquement pour le respect de leurs droits, de leur liberté et de leur souveraineté », déclare le président français. Il appelle même Vladimir Poutine, son homologue russe, pour le sommer de réagir.

Heureusement, l'été du président connaît également quelques moments de quiétude, dont le séjour des trois enfants et sept petits-enfants de la Première dame au fort. Sébastien, l'aîné, que Brigitte Macron a eu de son premier mariage avec André-Louis Auzières, est venu avec sa fille Camille et son fils Paul ; Laurence, la cadette, avec son mari Guillaume et leurs trois enfants Emma, Thomas et Alice ; enfin Tiphaine, la benjamine, et certainement la plus médiatisée des trois tant elle s'est impliquée dans la campagne de son beau-père, était là avec son compagnon Antoine, ainsi que la petite Élise et le petit Aurèle. Pendant quelques jours, Emmanuel Macron a donc dû changer son emploi du temps. Il a fallu aller plonger dans les eaux turquoise pour observer la faune marine préservée qu'offrent les abords protégés du fort, ramasser des coquillages et des galets sur la plage, mais aussi patauger dans cette piscine dont l'installation avait fait tant de tapage. Les déjeuners et dîners se sont aussi faits plus longs et plus chaleureux. « Leur présence nous a fait un bien fou à tous les deux. Quand ils sont là, nous ne sommes pas président et épouse du président, nous sommes Mamibibi et Daddi, c'est la liberté. C'est très important et très stimulant d'être dans ce rôle. Nous étions dans une forme olympique après les avoir eus tous. Quand ils sont partis, on a eu un petit coup de mou[13] », confie, plus tard dans l'été, Brigitte Macron à *Paris Match*.

Une réunion de famille qui aurait pu ne pas avoir lieu tant cet été 2020 est particulier, pour le président comme pour tous ses concitoyens. Le printemps avait été marqué par une situation inédite dans le pays : un confinement strict de la population avait été décidé par le gouvernement, afin d'enrayer l'aggravation de la situation sanitaire due à la pandémie de coronavirus. Durant plus de deux mois, l'Hexagone avait donc dû s'habituer à vivre sous cloche. Même Mme Macron restait cloîtrée dans le palais de l'Élysée – onze mille mètres carrés tout de même, et trois cents pour les appartements privés –, contrainte de fêter son anniversaire via webcam. Un peu

13. *Paris Match*, *op. cit.*

tristounet. La perspective de vacances estivales était alors plus qu'incertaine. Puis, le 14 juin, le Premier ministre Édouard Philippe avait su redonner un peu d'espoir : « Les Français pourront partir en vacances en France, au mois de juillet et au mois d'août », avait-il déclaré lors d'une conférence de presse. Le chef de l'État et la Première dame n'avaient donc pas eu à renoncer à leur désormais traditionnel séjour à Brégançon. Aurait-on pu imaginer un été sans vacances présidentielles ?

Coucher de soleil

Quand il a poussé la porte, elle était derrière son comptoir, en train de préparer quelques cafés. Même avec son masque chirurgical remonté jusque sur le nez – Covid oblige –, elle l'a reconnu immédiatement. Geneviève Jouet, co-gérante du restaurant *Les Sirènes*, à Cavalières, n'a pas pu oublier le président. Voilà deux étés qu'il vient dîner dans son établissement, à chacun de ses séjours dans le Var. Il est toujours accompagné par toute sa famille, Brigitte bien évidemment, mais aussi les enfants et petits-enfants de cette dernière.

Sa première visite est un heureux souvenir pour Geneviève Jouet. C'était un dimanche d'août 2019. Un peu plus tôt dans la journée, la patronne des Sirènes avait eu un appel inattendu de l'équipe de l'Élysée, qui demandait à réserver une table pour le soir-même, au nom du chef de l'État. « Ce n'est pas tous les jours qu'on reçoit le président ! », s'était-elle exclamée, n'ayant jamais accueilli auparavant de résident du fort de Brégançon. Pour autant, elle n'avait pas mis les petits plats dans les grands, ni changé le menu. Pas besoin non plus de dérouler le tapis rouge, ou même de privatiser la salle. Si Emmanuel Macron sort de sa forteresse bien gardée pour aller dîner dans une pizzeria, c'est justement parce qu'il veut être considéré comme un client parmi les autres. D'autant que *Les Sirènes* est un restaurant sans chichis, où les chaises sont en plastique, les serviettes en papier, et les plats ne dépassant pas les quinze euros.

Emmanuel Macron apprécie les choses simples, ou, en tout cas, sait le faire croire. Durant sa campagne électorale en 2017, il avait été filmé par les caméras de TF1 réclamant un cordon bleu dans une cafétéria d'aire d'autoroute. « Ah non, c'est réservé au menu enfants », lui avait répondu la serveuse, ne cédant pas au caprice du candidat En Marche!, qui avait dû se rabattre sur un pavé de saumon. Une fois à l'Élysée, parcourant villes et villages de France, le président a pris l'habitude de faire un stop dans des restaurants de la chaîne Courtepaille, dont il est, selon ses conseillers, particulièrement friand. Un goût prononcé pour le rumsteck et les assiettes de frites qu'Emmanuel Macron sait mettre en scène. Car peut-on se montrer plus proche des Français que lorsqu'on mange comme eux?

À Cavalières, le chef de l'État et la Première dame avaient donc dîné dans le même esprit, à la bonne franquette, entourés de leurs proches. Avant de partir, ils avaient félicité le chef pour sa cuisine, et pris une photo-souvenir avec Geneviève Jouet et tous ses employés. « Ce sont vraiment des gens charmants et respectueux[14] », se souvient-elle encore aujourd'hui.

14. Entretien avec l'auteur, 17 février 2021.

Début août 2020, Emmanuel Macron est de retour aux Sirènes. En entrant dans le restaurant, il salue la tenancière, comme s'il était déjà un habitué. Il commande une pizza champignons-jambon-fromage, et en dessert une crème glacée, qu'il va déguster face à la mer. L'établissement jouit en effet d'un cadre idéal, les pieds dans le sable. Emma, Thomas, Alice et les autres petits-enfants de Brigitte jouent sur la plage. Emmanuel Macron savoure l'instant, une part de pizza trop grasse dans la main, regardant le soleil tomber sur la Méditerranée. Un peu de répit dans son quotidien de président.

Bibliographie

Aubel François et Quéméner Soazig, *Julie Gayet, Une intermittente à l'Élysée*, Éditions du Moment, 2016.

Chevé Joëlle, *L'Élysée au féminin, De la IIe à la Ve République*, Éditions du Rocher, 2017.

Chapuis Jérôme et Goosz Yaël, *Les étés meurtriers : les politiques ne prennent jamais de vacances, Plon*, 2011.

De Gaulle Charles, *Mémoires d'espoir*, Plon, 1999.

De Gaulle Yves, *Un autre regard sur mon grand-père*, Perrin, collection Tempus, 2018.

Daret Guillaume, *Le Fort de Brégançon, Histoire, secrets, coulisses des vacances présidentielles*, Éditions de L'Observatoire, 2018.

Duhamel Patrice et Santamaria Jacques, *L'Élysée, Histoire, Secrets, Mystères*, Plon, 2012.

Faure Guillemette, *Mes vacances ratées avec Nicolas Sarkozy Wolfeboro* , Ramsay, 2008.

Garrigues Jean, *Une histoire érotique de l'Élysée : De la Pompadour aux paparazzi*, Payot, 2019.

Giscard d'Estaing Valéry, *Le Pouvoir et la Vie,* Tomes 1 et 2, Compagnie 12, Le Livre de Poche, 2004.

Giscard d'Estaing Valéry, *Le Pouvoir et la Vie*, Tome 3, Compagnie 12, 2006.

Mitterand 46A - Anne 18 ans ≠ 28 ans.

HOLLANDE François, *Les Leçons du pouvoir*, Stock, 2018.

LANEZ Émilie, *La Garçonnière de la République*, Grasset, 2017.

LAUMOND Jean-Claude, *Vingt-cinq ans avec lui*, Ramsay, 2001.

LE BAILLY David, *La captive de Mitterrand*, Stock, 2014.

LE MAIRE Bruno, *Jours de Pouvoir*, Gallimard, 2013.

MITTERRAND François, *Lettres à Anne, 1962-1995*, Choix, Gallimard, collection Folio, 2018.

MORELLE Aquilino, *L'abdication*, Grasset, 2017.

OPPERMANN Fabien, *Dans les châteaux de la République : Le pouvoir à l'abri des regards*, Tallandier, 2019.

PINGEOT Mazarine, *Bouche cousue*, Julliard, Pocket, 2019.

POMPIDOU Alain, *Claude*, Flammarion, 2016.

PROUTEAU Christian, *Au Service du Président*, Michel Lafon, 1999.

ROUSSEL Éric, *Georges Pompidou*, Perrin, collection Tempus, 2004.

SARKOZY Nicolas, *Le Temps des Tempêtes,* Tome 1, Éditions de L'Observatoire, 2020.

TOURLIER Pierre, *Conduite à gauche : Mémoires du chauffeur de François Mitterrand*, Denoël, 2000.

TOURLIER Pierre, *Tonton : Mon quotidien auprès de François Mitterrand*, Éditions du Rocher, 2005.

TRIERWEILER Valérie, *Merci pour ce moment*, Les Arènes, 2014.

VALANCE Georges, *VGE, une vie*, Flammarion, 2011.

WINOCK Michel, *François Mitterrand*, Gallimard, collection Folio, 2015.

Les Macron du Touquet - élysée - plage - Seuil 2020

Journal intime de B Macron Archipel

La captive de Mitterrand - Stock 2014

Chirac Mémoire tome 1 chaque pas doit être un but 2009 N.

Table

Achevé d'imprimer par Présence Graphique,
en mars 2021
N° d'imprimeur : 032168563
Dépôt légal : mai 2021

Imprimé en France